파리 오디세이

파리 오디세이
19세기 파리로 떠나는 인문학 여행

초판 찍은 날 2019년 5월 20일
초판 펴낸 날 2019년 5월 27일

지은이 정상필

펴낸이 김현중
편집장 옥두석 | 책임편집 이선미 | 디자인 이호진 | 관리 위영희

펴낸 곳 (주)양문 | 주소 서울시 도봉구 노해로 341, 902호(창동 신원리베르텔)
전화 02. 742-2563-2565 | 팩스 02. 742-2566 | 이메일 ymbook@nate.com
출판등록 1996년 8월 17일(제1-1975호)

ISBN 978-89-94025-79-7 03900   잘못된 책은 교환해 드립니다.

파리 오디세이

19세기 파리로 떠나는 인문학 여행

정상필 지음

YANG 양문 MOON

Pour Lumie, Iyann, Isaac, Bosco et Marion

상징을 한 꺼풀 벗기면 파리가 보인다

인간이 역사를 시작한 것은 아니기 때문에 역사의 책임이 전적으로 인간에게 있는 것은 아니다. 그렇다고 완전히 결백하지도 않다. 인간이 역사를 써가고 있기 때문이다.

-알베르 카뮈, 《여름》

　도시는 상징으로 가득 차 있다. 상징을 둘러싸고 있는 알 듯 모를 듯한 암호를 해독하는 순간, 다른 것이 보인다. 광화문을 지나 경복궁으로 향하는 수많은 인파들 중에서 불과 20여 년 전까지도 자신들이 서 있는 근정전 앞마당에 커다란 서양식 건물이 있었다는 사실을 떠올리는 이가 몇이나 될까. 1995년 철거되기 전 중앙박물관으로 이용되던 그 건물이 일제 식민지배의 본거지 조선총독부였다는 걸 지각하면 우리는 더 이상 이전과 같은 공간이 아닌 곳에 있게 된다. 그때 철거 장면은 텔레비전으로 생중계되었는데 그 순간을 기억하는 사람들에게는 현재 발을 내딛고 있는 매표소 앞마당이 더더욱 특별하게 다가올 것이다.

걷기 좋은 길로 잘 알려진 덕수궁 돌담길을 산책하는 사람들 중 덕수궁의 옛 이름 경운궁을 떠올리는 이도 그리 많지 않을 것이다. 창경궁 홍화문을 지나며 동물원과 식물원이 조성돼 있던 창경원을 생각해내는 이들은 또 얼마나 될까. 갈 곳 없는 노인들의 공간으로 변한 탑골공원은 3·1운동의 시작을 알린 독립선언서가 낭독됐던 곳이다. 시내버스를 타고 무심하게 지나는 청계천, 종로, 동대문 등 서울의 수많은 동네에는 동네 수보다 훨씬 많은 수의 이야기들이 담겨 있다.

내가 10년 넘게 살고 있는 이 도시 파리는 어떨까. 누군가는 낭만의 도시라고 말하고, 누군가는 혁명의 도시라고 하는 여기에도 이야기들이 넘쳐난다. 적어도 겉모습만 보자면 서울보다는 파리에 훨씬 더 많은 이야기들이 있을 것만 같다. 그도 그럴 것이 몇몇 왕궁이나 성곽터 등을 제외하고는 100년 전과 비교했을 때 도시 외관 자체가 바뀌어버린 서울과 달리 파리에서는 몇백 년 넘은 오래된 건축물들을 아무렇지도 않게 볼 수 있기 때문이다. 대부분의 방문자들은 화려한 파리의 겉모습에 먼저 매력을 느끼지만 당연히 그게 다가 아니다.

　　파리의 동의어와도 같은 에펠탑은 애초 혁명을 기념하기 위해 지어졌고, 철거될 운명이었다가 현재까지 보존된 사연을 갖고 있다. 개선문은 오스텔리츠 전투 승리를 자축하기 위해 세워졌는데 정작 건설을 지시한 나폴레옹은 완공된 실물을 보지도 못했다. 유배지에서 쓸쓸하게 죽은 나폴레옹은 사후 20년이 지나서

야 관 속에 누운 채로 개선문을 통과했다. 또한 프랑스를 빛낸 위인들이 안치된 팡테옹은 원래 성당으로 사용하려고 지었다가 혁명을 거치면서 지금의 용도가 됐다.

언제부터인가 파리를 다녀가는 많은 사람들이 도시의 겉모습만 즐기고 떠나버리는 게 아닌가 하는 생각이 들었다. 기념물 앞에서 사진 찍느라 정신없는 저 수많은 사람들 가운데 파리의 카페에서 어떤 일들이 벌어졌는지, 백화점이 어떻게 생겨났는지에 대해 알고 있는 사람들이 얼마나 될까. 화려한 도시의 내부를 채우고 있는 다양한 이야기들을 듣고 나면 파리에서 더 많은 것을 보고 갈 수 있을 텐데 하는 아쉬움이 들었다. 그런 아쉬움을 조금이라도 달래기 위해, 파리의 속살을 보여주자는 의도로 〈광주일보〉에 연재한 글들을 한데 모아 이 책이 나오게 됐다. 좋은 제안을 해주고 기다려준 ㈜양문의 편집진들께 감사의 인사를 전하고 싶다.

개인적인 견해이지만, 파리가 지금의 모습을 갖추는 데 가장 큰 영향을 준 것은 대혁명이라고 생각한다. 공화정과 왕정을 오가며 정치적·사회적·문화적 격동을 겪었던 19세기 전반에 걸쳐 파리는 많은 변화를 가져왔다. 그 뿌리는 대혁명이었다. 파리라는 도시가 형성된 것은 이미 1000년 전 일이어서 더 오래된 흔적도 도시 곳곳에 남아 있지만, 현대의 파리는 19세기에 가장 큰 빚을 지고 있다. 지금 우리가 보고 있는 파리를 제대로 알기 위해서 19세기 파리로 여행을 떠나는 게 이상하지 않은 이유다.

파리를 더 잘 이해하기 위해 도시 내에서 흔히 볼 수 있거나 연관이 있는 유무형의 단어를 키워드로 잡고, 그 키워드와 도시의 관계를 살펴보았다. 19세기 파리로 떠나는 여행의 얇은 가이드북이 될 수 있다면 하는 바람이다. 19세기의 흔적은 지금도 여전히 남아 있어 현대의 파리를 여행하는 데도 도움이 될 것으로 기대한다. 아름답게 포장되어 있는 도시의 상징들을 한 꺼풀 거두면 파리가 다시 보인다.

2019년 2월

루아르 강변에서 정상필

CONTENTS

01
그들은 오늘도 화양연화
파리와 파리지앵

> 파리는 우주와 동의어다. 파리는 아테네이고, 로마이고, 시바리스
> 이고, 예루살렘이고, 팡탱이다. 모든 문명이 거기 압축되어 있고,
> 모든 야만도 거기에 있다. 자신에게 단두대가 없었다면 파리는 무
> 척이나 불만스러웠을 것이다.
>
> ―빅토르 위고, 《레미제라블》

프랑스인들에게 2015년은 끔찍한 해였다. 정초인 1월 이슬
람 극단주의자 청년들이 풍자전문 주간지인 〈샤를리 앱도Charlie
Hebdo〉 편집부를 습격해 총기를 난사한 사건이 벌어졌다. 이 잡
지가 이슬람교 창시자인 무함마드를 부정적으로 묘사한 그림을
게재한 게 발단이었다. 무함마드뿐 아니라 예수, 부처, 각국의 권
력자 등 이들이 다룬 풍자의 대상에는 제한이 없었다. 테러리스
트들은 건물에 진입해 아랍어로 "신은 위대하시다"라고 외친 뒤
총을 쏘았다고 전해진다. 현장에 있던 만평가와 기자, 편집장 등
열두 명이 목숨을 잃었다.

2015년 초 파리 시내에서 발생한 풍자전문 주간지 〈샤를리 엡도〉 총기 테러에 반대하기 위해 레퓌블리크 광장에서 시위하고 있는 파리 시민들

　　그해가 다 가기 전인 11월에 다시 한 번 파리 시내 한복판에서 총격사건이 일어났다. 프랑스와 독일의 국가대표팀 축구경기가 열리던 파리 북쪽 외곽의 생 드니 경기장 앞에서 벌어진 자살폭탄 테러를 신호탄으로 약속이나 한 듯 파리 11구 카페와 식당에서 총기 난사가 차례로 이어졌다. 최악의 연쇄 총격은 록 그룹 콘서트가 열리던 바타클랑 극장에서 벌어졌다. 테러리스트들이 극장 안으로 난입해 관중을 향해 무차별 난사한 것이다. 이 테러로 130명이 넘는 사망자가 나왔다.

　　일련의 테러들은 파리의 풍경을 바꿔놓았다. 무엇보다 샹젤리제 거리를 걷는 수많은 시민과 관광객들 사이에서 중무장을 한 군인들이 경계태세를 갖추고 걷는 모습을 쉽게 볼 수 있게 되었다. 이런 광경은 에펠탑 주변과 노트르담 성당 앞 광장, 몽마르트르 언덕에서도 예외 없이 마주친다. 사건 이후 파리를 찾는 외국인들의 발걸음도 주춤해졌다. 관광 수입이 국가 경제에서 차지하는 비중이 상당한 프랑스로서는 큰 타격이었다. 당연히 루브르 박물관이나 오르세 미술관을 찾는 관람객 수도 줄었다. 연초가 되면 으레 신문지상을 오르내리던 '지난해 박물관 및 미술관 관람객 수' 기사는 아예 사라지거나 나오더라도 우울한 내용이었다. 관람객 수가 전년 대비 15~20퍼센트 감소했다는 사실을 반기는 독자는 많지 않을 테니까.

그러나 그 우울한 숫자들 사이에서 눈에 띄는 점이 있었다. 테러 여파로 전체 관람객 수가 줄었지만 내국인 수는 같은 수준을 유지하고 있다는 사실이었다. 몇 년 전까지만 해도 연간 관람객 1000만 명을 돌파할 기세를 보이던 루브르 박물관의 경우 2016년 전체 관람객이 730만 명이었다. 이는 테러 공포가 계속되던 2015년에 비해서도 15퍼센트 줄어든 수치였는데, 뚜렷한 하락세에서도 프랑스인 입장객은 200만 명으로 여느 해와 비슷했다.

다른 주요 미술관도 마찬가지였다. 특별전시회의 성격에 따라 오히려 수치가 높은 곳도 있을 정도였다. 시인 '기욤 아폴리네르'와 '1930년대 미국 화가'를 주제로 특별전을 연 오랑주리 미술관은 2016년 관람객 수가 전년 대비 2퍼센트 상승했다. '폴 클레'와 '르네 마르게리트' 특별전을 연 조르주 퐁피두 미술관과 '오스카 와일드' 특별전을 연 프티 팔레 역시 내국인 관람객 수가 증가하였다.

바타클랑 극장에서 벌어진 국가적 비극을 이겨내기 위해

프랑스인들이 고안해 낸 슬로건이 'Je suis en terrasse'였다. 번역하자면 '나는 테라스에 있다'라는 뜻인데, 테러에 가장 효과적으로 대항하는 방식은 바로 아무 일 없듯 일상을 지내는 것이라는 점을 강조한 것이다. 잇따른 테러 사건에도 불구하고 파리지앵들은 움츠러들지 않았다.

파리지앵들의 문화 갈증 현상은 박물관과 미술관 관람객

2010년 그랑 팔레에서 열린 모네 전시회. 2010년 9월부터 이듬해 1월까지 4개월 동안 열린 전시회에 91만 명이 다녀갔는데, 이는 미술 전시회로는 전무후무한 기록이다.

생제르맹 데프레 성당 앞의 레 되 마고 카페에서 시간을 보내는 파리지앵

수 통계가 아니더라도 일상생활에서 어렵지 않게 마주할 수 있다. 유난히 추웠던 2010년 겨울, 칼바람이 부는 날씨에도 인상주의 화가 클로드 모네의 특별전을 보기 위해 그랑 팔레 전시장 앞에 100미터가 넘게 줄을 섰던 파리지앵들의 모습은 쉽게 잊히지 않는다. 이듬해 1월까지 4개월 동안 열린 전시회에는 무려 91만 명이 넘는 관객이 다녀갔다. 단일 전시로는 기록적 수치였다. 전시장에 들어서기 위해 길게 늘어선 줄보다 더 인상 깊었던 것은 전시장을 나서는 파리지앵들의 행복한 표정이었다. 이들은 서로 쉴새없이 대화를 주고받으며 지적 교감을 나누었다.

이렇게 문화에 목말라하고 문화를 즐기는 파리지앵들의 모습 때문에 파리를 세계 문화의 중심이라고 부르는 것일까. 이게 전부는 아닐 것이다. 도시 곳곳에서 뿜어져 나오는 문화적 아우라를 설명하기 위해서는 현대 파리가 어떤 과정을 거쳐 지금의 모습을 갖췄는지 살펴보는 일이 도움이 될 것이다.

파리가 프랑스 수도로 지정된 것은 약 1000년 전 일이다. 센강에 떠 있는 시테섬을 중심으로 형성된 작은 도시 파리는 12세기 루브르궁이 들어서면서 본격적인 중앙집권 왕정의 전초기지 역할을 하는 수도로 기능하기 시작했다. 시테섬 동쪽 끝에 위치한 노트르담 성당이 건축된 것도 이 시기다.

왕권이 집중될수록 파리도 기능이 더 다양해지고 더 강력

해져 정치, 사회, 경제, 교육, 문화 등 모든 분야의 중심으로 입지를 다지게 되었다. 이러한 현상은 절대왕정이던 18세기를 거쳐, 여러 차례 혁명으로 시민들의 억압된 욕구가 분출됐던 19세기에 정점을 이뤘다. 1801년 54만8000명이던 파리 시 인구는 1901년 271만5000명으로 단 한 세기 동안 다섯 배가량 늘었다. 2018년 현재 인구가 220만여 명 수준인 것을 감안하면 엄청난 수치다.

런던보다 40년가량 늦었지만 근대적인 도시계획 시행과 함께 파리의 겉모습이 확 바뀐 시기 또한 19세기다. 자동차가 다닐 수 있도록 길이 넓어지고, 공공위생의 개념이 도입되면서 보다 쾌적한 도시로 탈바꿈했다. 거듭된 혁명에 넌덜머리가 난 권력이 시위나 시가전에 적합하지 않은 도시로 바꾸는 과정이었다는 평가도 있다. 자동차 여러 대가 지나갈 수 있을 정도의 대로에는 바리케이드를 치기가 쉽지 않았을 것이다. 오스만 남작이 주도한 파리의 도시계획은 이후 베를린이나 비엔나 같은 다른 유럽 대도시들의 모델이 됐다. 당시 조성된 주요 도로, 지하수 시설, 공공 공원 등 도시의 뼈대는 100년이 훌쩍 넘은 현재까지도 크게 달라지지 않은 채 유지되고 있다.

19세기에는 급격한 도시 팽창과 대량 인구 유입이 동시에 진행됐다. 혁명의 바람이 개인의 자유로 전이되고 자본주의가 본격적으로 뿌리를 내리면서 도시는 혼란에 가까운 모습이었다. 독

파리 노트르담 성당 뒷골목에서 연주하고 있는 길거리 음악가들 길을 걷다 잠시 멈추고 무명 음악가들의 연주를 듣는 것도 파리의 매력 중 하나다.

일 사상가 발터 벤야민은 파리를 '19세기의 수도'라고 비유했다. 그는 아케이드, 산책, 매춘, 사진 등 당시 이 도시에 새롭게 나타난 문화현상을 키워드로 잡아 파리를 근대의 시발점으로 본 것이다.

　　예술 분야에서도 19세기 파리는 근대의 요람이다. 파리를 누비던 예술가들이 이제껏 경험해보지 못했던 표현의 자유를 한 꺼번에 폭발시켰다. 이전까지 한 번 등장하면 한두 세기 유지되 던 예술 사조가 이 시기에는 하루가 멀다 하고 나타났다 사라지 기를 반복했다. 고전주의, 낭만주의, 사실주의 등의 사조들을 주 도했던 예술가들의 활동 무대가 파리였다. 문학, 미술, 연극, 건 축, 사진 등 거의 전 분야의 예술 활동이 활발하게 진행됐던 파리 는 그 자체로 문화 백화점이었다.

작품이 음란하고 퇴폐적이라는 이유로 법정에까지 서야 했던 시인 샤를 보들레르는 파리와 파리지앵을 작품에 적극적으 로 끌어들이며 도시에 생기를 불어넣었다. 그는 황금만능주의에 찌든 모든 악의 근원 파리를 지긋지긋하게 싫어했지만 다른 도시 로 여행을 가서는 며칠 지나지 않아 파리의 그 자유를 그리워했 다. 게으른 예술가 친구들과의 야참, 느릿느릿 걸으며 산책하듯 작 품을 감상할 수 있는 박물관, 어디서나 귀를 간지럽히는 음악들을. 그렇게 파리를 사랑하고 저주하기도 했던 예술가에게 후대는 '파 리의 시인'이라는 호칭을 붙여주었다. 19세기 작가이자 기자였던 알퐁스 카르의 파리지앵에 대한 정의는 보들레르를 떠올리게 한 다. "진정한 파리지앵은 파리를 싫어한다. 그러나 다른 곳에서는 살 수 없다."

파리를 누비며 보들레르가 느꼈던 낭만과 여유가 그만의

것은 아닐 것이다. 오히려 파리지앵들이, 더 나아가 세계인들이 그의 느낌을 공감했기 때문에 파리를 예술과 낭만이 숨 쉬는 세계의 문화 중심으로 인정하는 게 아닐까. 19세기 이후 문화의 중심은 뉴욕으로 넘어갔다고 보는 시각이 지배적이다. 그러나 문화적 관점에서 보는 파리의 영화는 현재진행형이다. 박물관의 명화를 감상하기 위해, 소설 속 무대를 걷기 위해, 영화의 배경을 찾아가기 위해 해마다 몰려드는 수천만의 방문객이 그 증거다. 최근 잇따른 테러에 따른 방문객 감소는 일시적인 현상에 그치는 것으로 증명되고 있다.

　세계인들을 파리로 끌어들이는 매력은 몇백 년 된 건물들의 아름다움에만 있는 것이 아니다. 수많은 예술가들에게 영감을 준 도시였기에 예술가 아닌 사람들도 얼마든지 느낄 수 있는 문화적 포만감이 파리에 충만하다. 또한 파리가 방문객들을 사로잡는 도시의 아우라를 뿜어낼 수 있게 되기까지 훌륭한 유무형의 문화유산들을 가꾸고 포장한 현대 파리지앵들의 역할도 무시할 수 없다. 문화의 홍수 속에 살며 그 맛을 본 파리 사람들이 문화의 가치를 현대에 계승 발전하기 위해 온 힘을 다하는 것은 어쩌면 당연한 일로 보인다. 모네의 그림을 보기 위해 빨간 볼을 하고 하얀 입김을 불어대며 몇 시간 동안 긴 줄을 섰던 2010년 어느 겨울 파리지앵의 모습이 전혀 어색하지 않은 이유다.

02

다 좋기만 하던 그때 그 시절

파리와 벨 에포크

'벨 에포크(La belle époque)'란 유럽이 전에 없던 평화와 번영을 누리던 19세기 말에서 제1차 세계대전이 발발한 20세기 초까지의 시기를 뜻한다. '좋은 시절'이라는 뜻의 프랑스어가 전 유럽의 태평성대를 상징하는 고유명사가 된 것에 주목할 필요가 있다. 유럽 여러 나라의 '좋은 시절' 중에서도 프랑스의 '좋은 시절'이 가장 눈에 띄었기 때문이다.

벨 에포크라는 표현이 처음으로 등장한 것은 제1차 세계대전이 끝난 이듬해인 1919년이었다. 참혹한 전쟁을 몸으로 겪고 결과를 눈으로 확인한 프랑스인들이 그제야 전쟁 전의 시기를 그리워하며 만든 표현이었을 것이다. 전쟁 기간은 4년이었지만 산업혁명으로 기술이 발달해 전에 없이 무기도 강력해졌기 때문에 전후 피해 규모는 그 어느 때보다 컸다. 전쟁이 일어나지 않았던 때가 "좋은 시절이었어."라는 말이 절로 나왔을 법하다.

그 좋은 시절에 프랑스에서는 혁명 이후 격변하던 정치 상황이 내부적으로는 어느 정도 안정궤도에 오르고 있었다. 이 시기에 제2제정을 이끌던 나폴레옹 3세가 대대적인 도시 재정비를 이끌어 파리는 근대 도시의 겉모습을 갖추게 됐다. 기술 발달을 촉진시킨 산업혁명으로 자본주의가 더욱 공고해지면서 점차 개인의 욕구도 극에 달했다. 프로이센-프랑스 전쟁의 패배는 쓰라렸지만 이전보다 더 완벽한 공화정이 들어설 명분을 주었다는 점은 위안이 될 만했다.

1870년 들어선 제3공화국 체제는 시간이 갈수록 내실을 다져 사회 전체가 더 견고해지는 것 같았다. 두 번의 실패 후 다시 찾아온 기회였기 때문에 쓰라린 역사를 반복하지 않기 위해서라도 공화파 정치인들은 공화정 체제 하의 국가가 개인의 삶에 어떻게 작용하게 되는지 국민들에게 각인시키는 데 힘을 쏟았다. 1879년에 '라 마르세예즈(La Marseillaise)'가 국가(國歌)로 제정되고, 이듬해에는 대혁명 발발일인 7월 14일을 국가기념일로 지정했다. 1890년대 들어서는 의무교육과 무상교육이 실현됐다.

'벨 에포크'로 가는 길은 수월해 보였다. 사람들은 파리로 모여들었다. 가난한 사람들은 일자리를 찾아 파리행 기차에 몸을

루브르 박물관과 피라미드 전경. 유리로 된 피라미드는 1989년 건설 당시 에펠탑 때와 마찬가지로 흉물스럽다는 비판을 받았지만 지금은 명소로 자리 잡았다. 문화 사업에 있어 프랑스인들의 과감한 결단력을 보여주는 예다.

실었고, 부르주아지들은 폼 나게 돈을 쓰기 위해 화려한 대도시로 향했다. 1870년대 초 180만 명이던 파리 인구가 벨 에포크의 정점이던 1911년, 전쟁을 3년 앞두고 280만 명까지 늘어났다. 2018년 현재보다 더 높은 수치다.

　　사람이 모이고 돈이 되는 곳에서 문화가 산업이 되는 것은 당연한 이치였다. 왕족이나 일부 귀족들의 전유물 같았던 명화 수집은 경매장을 드나드는 신흥 부르주아지의 취미가 됐고, 역시 상위층들만 차지하던 오페라 관람석은 한껏 멋을 부린 유한부인들에게도 그 자리를 내줘야 했다. 살롱에 출입하던 부르주아지들은 잘 나가는 베스트셀러 한 권쯤은 꼭 읽어야 대화에 낄 수 있었다. 이처럼 풍요롭고 자유스러운 분위기에서 사진이나 영화 같은 새로운 형식의 문화 소비재들이 선보였다. 문화의 소비뿐 아니라 생산도 파리로 집중되고 있었다.

　　파리에서 우리가 '아는' 눈에 익은 미술 작품들이 가장 많은 곳은 오르세 미술관이다. 루브르 박물관 건너에 위치한 오르세 미술관에는 19~20세기 초 작품들이 전시돼 있다. 루브르 박물관이 고대에서 19세기 이전까지, 퐁피두 센터의 현대미술관이 20세기 중반 이후부터 현재까지를 다루고 있는 점을 상기한다면 국가 수장고에서 19~20세기 초 미술이 차지하는 비중이 적지 않음을 알 수 있다. 무엇보다 오르세 미술관 컬렉션의 중심에 인상주의가 있다. 이곳에 오는 사람들의 대부분은 인상주의 회화들이 몰려 있는 꼭대기 층 전시실에서 십사기 결음 속도를 늦춘다. 인상주의 회화들을 맨 위에 모아놓은 것도 이유가 있는 것이다.

클로드 모네가 인상주의의 출발점이 된 회화 〈인상, 해돋이〉를 그린 것이 1872년이었고, 공식 살롱전에 출품하지 못한 당시 아웃사이더 작가들과 단체전을 연 것은 그로부터 2년 후인 1874년이다. 그해 4월 15일부터 한 달 동안 오페라 하우스 인근 카푸신 대로에 위치한 사진가 나다르의 작업실에서 인상주의 화가들의 첫번째 전시가 열렸는데 폴 세잔, 에드가 드가, 클로드 모네, 카미유 피사로, 오귀스트 르누아르, 알프레드 시슬리 등 30명이 전시에 참가했다. 이들이 전시한 작품 수는 총 165점이었다.

모네의 작품 제목에서 착안해 모네와 그 무리를 '인상주의자'라는 신조어로 정의 내린 것으로 알려진 저널리스트 루이 르루아는 전시회를 다녀온 뒤 풍자신문 〈샤리바리Le Charivari〉에 이렇게 적었다. "카푸신 대로의 첫 전시회에 다녀온 오늘은 정말 긴 하루였다. 동행한 이를 피사로의 〈경작지〉라는 작품 앞으로 데리고 갔는데, 그는 환상적인 풍경화를 보며 자신의 안경알이 흐려진 것으로 생각했다."

첫 전시회를 여는 데는 성공했지만 이들은 여전히 프랑스 주류 미술계로부터는 인정을 받지 못했다. 이들을 먼저 알아봐준

오르세 미술관에서 인상주의 화가 에두아르 마네의 〈풀밭 위의 점심식사〉를 감상하는 관람객들

것은 대서양 너머 미국이었다. 초기 인상주의 작품들은 미국 수집상들에게 더 인기가 좋았다. 그렇게 탄생한 인상주의 화풍은 현대인에게 가장 큰 사랑을 받고 있다고 해도 과언이 아니다. 포비즘, 큐비즘, 표현주의, 아르누보 등으로 발전해온 현대 미술사의 길을 튼 인상주의는 벨 에포크의 가장 큰 흔적 중 하나다.

이 시기를 전후해 파리에서 활동한 빈센트 반 고흐, 폴 고갱, 폴 세잔 등은 우리에게도 낯설지 않은 이름들이다. 20세기 최고의 화가로 불리는 파블로 피카소는 〈아비뇽의 처녀들〉(1907)로 큐비즘의 탄생을 알렸으며, 추상주의의 창시자 러시아인 바실리

에밀 졸라가 중간에 조성되어 있는 드레퓌스 광장 기념비에 "진실은 멈추지 않고 앞으로 나아간다. 진실과 정의를 위해 고통 받는 이는 존엄하고 신성하다. 진실 없이는 정의가 없고, 정의 없이는 행복도 없다."라는 에밀 졸라의 글이 적혀 있다.

칸딘스키 역시 파리에서 자신의 존재를 알렸다. 이들은 같은 시대에 같은 공간에 살면서 서로 영향을 주고받았다. 당시에는 가난하지만 젊고 혈기왕성한 화가들의 교류가 미술사에 이렇게 큰 족적을 남기리라고 생각하지 못했을 것이다. 그들을 한 곳에 불러모은 것도, 작업을 가능하게 만들었던 것도 파리와 벨 에포크였다.

인상주의라는 뚜렷한 흐름이 각인된 미술 분야와 달리 문학에 있어서는 벨 에포크를 대표하는 사조나 작가를 내세우기가 어렵다. 오히려 독자층이나 유통 구조의 다양화 등 외적인 부분에 방점을 찍어야 할 것이다. 공공교육이 뿌리 내리면서 인쇄매

체를 소비하는 계층이 기존의 지식인 남성에서 여성 및 젊은 층으로 다양화되고, 문학 비평과 살롱전 등이 활발하게 진행되는 등 현대의 문학 소비성향과 비슷한 모습을 갖춰가고 있었다.

사실 파리의 문학은 벨 에포크 30~40년 전인 19세기 중반을 전후해 이미 '좋은 시절'을 보내고 있었다. 이 시기에 낭만주의, 사실주의, 자연주의로 경향을 달리 하며 끊임없이 발전을 거듭해 대작들이 쏟아져 나왔다. 빅토르 위고와 스탕달, 오노레 드 발자크, 귀스타브 플로베르, 에밀 졸라 등의 작품에는 19세기 프랑스가 겪고 있던 찬란한 영화와 그 뒤에 가려진 어두운 그림자가 고스란히 담겨 있다.

도시 자체가 작품의 주제가 된 것은 전에 없던 일이었다. 현대시의 시조로 불리는 보들레르는 마약과 알코올에 의존한 방탕한 생활을 즐겼지만, 인간의 욕망까지도 집어삼킬 듯한 19세기 파리에서 우울함을 보았다. 그의 거의 모든 작품은 그가 낳고 자란 파리에 대한 오마주로 가득하다. 지독한 경멸을 포함하여.

표현의 자유를 풍부하게 누렸던 19세기를 관통하며 도착한 벨 에포크에 나라 전체를 뒤흔든 상징적인 사건은 '드레퓌스 재판'이다. 독일에 부역한 스파이로 몰려 억울하게 누명을 쓴 유대인 장교를 둘러싸고 프랑스 지식인 사회가 둘로 분열됐다. 저널리스트로도 활동했던 졸라는 드레퓌스를 옹호하는 글 '나는 고발한다'를 신문에 기고했다가 영국으로 망명하는 처지에 놓이기도 했다. 이 사건은 프랑스 내 좌우익 양측에 깊은 생채기를 남겼지만 진실을 추구하고 정의를 구현하는 일이 근대국가로 가는 데 있어 어떤 역할을 하는지를 여실히 보여줬다.

파리의 상징인 에펠탑이 등장한 것은 1889년 만국박람회였다. 프랑스 혁명 100주년을 기념하기 위해 유치한 이 박람회는 1851년 런던에서 제1회 박람회가 열린 이래 파리에서만 네번째 열린 행사였다. 벨 에포크는 유럽 각국이 박람회를 통해 자신의 기술력과 발전상을 다른 나라에 알리고 교류하던 시기였다. 여전히 벨 에포크였던 1900년에도 파리에서 박람회가 열렸는데, 봄부터 가을까지 212일 동안 5000만 명이 다녀가는 등 전에 없던 대성공을 거두었다. 지금도 활발히 전시회가 열리는 그랑 팔레와 프티 팔레, 지금은 미술관으로 사용되는 오르세 역, 센강 다리 중 가장 화려한 알렉상드르 3세 다리, 파리의 첫 지하철 등이 이 박람회에서 모습을 드러냈다.

1889년과 1900년 파리에서 열린 두 만국박람회는 벨 에포크의 상징으로 여겨진다. 아카데미 회원을 지낸 작가 폴 모랑(Paul Morand)은 1900년 신축된 역사(驛舍)의 광경을 보며 이렇게 적었다. "1900년 파리 만국박람회는 단순히 성공한 것이 아니라 아주 잘 치러진 행사였다. 우리의 경험을 충분히 보여줬다. 온 국민이

1878년 파리 만국박람회 모습. 19세기 파리는 한 세기 동안 인구수가 다섯 배 증가할 정도로 팽창하며 급속도로 발전했다. 박람회는 프랑스인들이 기술과 문화의 발전을 세계에 뽐내는 장이 됐다.

이라크인, 무슬림, 베네수엘라인으로 꽉 찬 열차의 행렬을 지켜봤다. 파리가 이토록 아름다운 적이 없었다."

제6, 제7의 예술로 불리는 사진과 영화가 대중화되기 시작했고, 거리에서는 자전거와 자동차, 전철이 새로운 교통수단으로 각광을 받았으며, 영불해협을 비행기로 첫 횡단하는 시도가 성공했다. 퀴리 부부와 루이 파스퇴르 등의 활약으로 인류에 큰 영향을 미친 과학적 발견들이 이뤄진 것도 이때였다. 동시대의 철학자 샤를 페기는 "세상은 로마시대에서 지금까지보다 1880년에서 1914년 사이에 더 많이 바뀌었다."고 말했다.

음악 분야에서 벨 에포크에 활동했던 유명 프랑스 작곡가는 클로드 드뷔시와 카미유 생상스 등으로 그 수가 많지 않다. 그러나 유럽의 다른 나라 음악가들이 파리로 모여들었다. 러시아 작곡가 이고르 스트라빈스키의 문제작 〈봄의 제전〉이 처음으로 상연돼 관객들을 혼란에 빠트렸던 곳은 샹젤리제 극장이었다. 파리에서 음악가들의 활동이 활발해지자 왕족이나 귀족들의 살롱에서 콘서트가 열리는 일이 유행처럼 번지기도 했다.

문화의 홍수와 격변하는 사회 속 파리가 세계인의 주목을 받기 시작한 것은 벨 에포크를 포함한 19세기부터다. 지금으로부터 100년도 넘은 일들이라고 해서 과거의 영화로 치부하기엔 파리지앵들의 문화 본능에 남은 이 시절의 향수가 너무 짙다.

03

인류 역사의 흐름이 바뀐 곳

파리와 혁명

> 알아두시오. 유럽을 이끌어간 프랑스는 결코 하나의 이름으로만
> 불리지 않을 것이오. 영원히 기억될 진정한 그의 다른 이름은 바로
> 혁명이오.
>
> —쥘 미슐레, 《민중》

2012년 프랑스 대선이 있던 날 저녁 파리 시내 일각에서 상징적인 장면들이 연출됐다. 투표가 마감되는 오후 8시께 파리 동쪽 센강 우안(右岸)에 위치한 바스티유 광장에 시민들이 하나둘 모여들었다. 같은 장소에 모여 선거 결과를 다 같이 확인하기 위해서였다. 결과는 사회당 프랑수아 올랑드 후보의 승리였다. 자유, 평등, 박애를 뜻하는 삼색기가 휘날리고 여기저기서 함성이 쏟아졌다. 17년 만에 좌파 대통령을 맞이한 파리지앵들의 흥분은 다음날 새벽이 될 때까지 가라앉지 않았다. 올랑드 대통령은 재선에 도전조차 못하고 다음 대선인 2017년 정권을 중도 세력에게 넘겼지만, 2012년 대선에서 프랑스인들의 좌파 세력에 대한

기대는 매우 높았다.

같은 시각, 우파인 현직 대통령 니콜라 사르코지 후보의 지지자들은 에펠탑으로부터 센강 건너편에 위치한 트로카데로 광장에서 고개를 떨궈야 했다. 사르코지 지지자들이 트로카데로에 모이고, 올랑드를 지지하는 시민들이 바스티유 광장에 모인 이유는 무엇일까? 바스티유 광장이 갖는 역사적 의미에 주목할 필요가 있다.

태양왕 루이 14세 때 절정을 맞본 절대왕정이 내리막길로 치닫던 18세기 후반, 팍팍한 삶에 지친 파리 시민들은 공분을 참지 못하고 봉기했다. 성난 시민들이 바스티유 감옥을 습격한 1789년 7월 14일은 전 세계에 왕가와 귀족들이 아닌 민중이 세상의 주인임을 알린 프랑스 대혁명의 날로 기억된다. 프랑스인들이 좌파 대통령에 환호하며 바스티유에 모여든 것은 그래서다. 쏟아지는 신자유주의 정책에 숨이 막힐 듯했던 현대 프랑스인들에게 사람의 가치를 내세운 좌파 정권의 등장은 혁명에 버금가는 상징성을 갖고 있다고 판단한 것이다.

프랑스 혁명의 시초를 알린 사건은 파리에서 서남쪽으로 15킬로미터가량 떨어진 베르사유에서 시작됐다. 강력한 왕권 아래서 유명무실했던 삼부회가 170여 년 만에 루이 16세에 의해 소집됐다. 제3계급인 평민 대표들은 베르사유 궁전 바깥 테

바스티유 광장 1789년 7월 14일 혁명은 이 자리에 있던 바스티유 감옥을 습격하면서 시작됐다. 탑은 1830년 7월 혁명을 기리기 위해 1840년 완공됐다.

1789년 프랑스 혁명이 일어나기 전 바스티유 감옥의 모습

니스장에 모여 헌법이 제정되기 전에는 그곳을 떠나지 않을 것을 결의했다. 혁명 한 달 전의 일이었다.

베르사유 시내에 위치한 테니스장은 이 사건을 기리기 위한 장소로 꾸며져 있다. 당시 회의 장면을 표현한 대형 그림이 벽에 걸려 있고, 한가운데에는 시민들이 무너트린 바스티유 감옥의 모형이 전시돼 있다. 파리 동쪽에서 침략해오는 적으로부터 왕궁, 즉 루브르궁을 보호하기 위한 군사적 목적으로 14세기 후반 건설된 바스티유 성은 혁명 당시 감옥과 무기고 등으로 사용되고 있어서 시민들의 타깃이 됐다.

베르사유 테니스장에서 조직된 제헌 국민의회를 해산하기 위해 왕의 군대가 집결한다는 소식이 전해지자 무기가 필요했던 파리 시민들이 바스티유 감옥을 습격했다. 혁명의 신호탄이자 구체제(앙시앵 레짐)의 종말을 알리는 날이었다. 프랑스 대혁명은 1789년, 1830년, 1848년, 1871년 등 100년 가까이 이어진 민주주의 투쟁 과정을 아우르는 표현이다. 그중 첫 혁명이 1789년에서 나폴레옹이 황제가 된 1799년까지 10년간 진행되었다. 피를 부르는 시민들의 전쟁이 그 서막을 알렸다.

그래서 바스티유는 프랑스인들에게 성지와도 같은 곳으로 여겨진다. 훗날 빅토르 위고는 바스티유 인근 보쥬 광장으로 이사한 뒤 '민중 봉기의 현장'을 산책하며 "파리 역사의, 아니 프랑스 역사의 한 중앙에 와 있는 느낌을 받았다."고 썼다.

루이 16세가 헌법 제정 등 제3계급의 요구를 거부하자 시민들은 파리 외곽 베르사유궁에 살던 왕가를 파리 시내의 루브르궁으로 강제 이주시킨다. 1791년에는 루이 16세 부부가 프랑스를 탈출하려다 민중들에게 발각되는 사건이 발생한다. 이들은 탕플 감옥에 갇히는 신세가 됐고, 왕정을 옹호하는 오스트리아와 프로이센 등 이웃 나라들이 프랑스에 전쟁을 선포한다. 1792년 9월 학살은 프랑스가 잇따라 패배한 데 따른 위기감에서 나온 것이었다. 혁명군은 파리에서 반혁명 세력 제거에 나섰다.

"말도 안 되는 규칙과 명령에 따라 수천의 희생자가 학살됐습니다. 사납고 잔인한 군중들은 교도소를 깨부수고, 가톨릭 사제나 귀족들의 집을 공격합니다. 그리고 그 자리에서 그들을 즉결처분합니다. 경종이 울리고 총성이 들립니다. 길에는 끔찍한 비명이 가득하고, 형언할 수 없는 공포의 감정이 심장을 옥죄어 옵니다. 아무래도 파리에 온 것은 경솔한 짓이었던 것 같습니다."《1792-1795년 프랑스 체류기; 프랑스 혁명의 증거가 된 편지들》(아쉐트, 1872)에서 발췌)

1792년 9월 어느 날 파리를 방문한 무명의 남자가 바스티유 광장 인근 도로인 생 앙투안 거리에서 목격한 장면을 지인에게 쓴 편지다. 귀족이거나 적어도 왕당파였던 것으로 보이는 그

혁명의 역사를 품고 있는 마레 지구의 보쥬 광장. 지금은 파리 시민의 중요한 휴식처이다

의 시선에 혁명 발발 후 첫번째로 실시된 공포정치의 단면이 여실히 드러난다.

바스티유 광장 한가운데 있는 탑은 1830년 7월 혁명을 기념해 1840년 완공된 것이다. 탑 밑에는 1830년 혁명 때 사망한 시민들이 묻혀 있고, 꼭대기에는 날개를 단 금빛의 '자유의 신'이 횃불을 들고 서 있다.

바스티유 인근 구도심은 결의에 찬 시민군과 그들의 바리케이드 대신 활기 넘치는 파리 시민들과 관광객으로 넘쳐난다. 마레 지구는 혁명 이후로도 개발되지 않아 좁디좁은 골목들을 그

루이 16세 부부 등이 처형되었던 콩코드 광장. 이곳 단두대에서 사라진 사람만 1000명이 넘는다

대로 유지하고 있다.

마레 한 편에 자리한 보쥬 광장은 혁명의 역사를 품고 있다. 1612년 루이 13세의 약혼식을 위해 조성된 이 광장은 루아얄 광장으로 불리다 혁명 이후 '시민군 광장', '포병부대 광장', '무기 생산 광장', '개성의 광장'으로 그 이름이 바뀌었다. 혁명 세금을 처음으로 납부한 프랑스 북동부 보쥬 지방 사람들에 대한 예우로 1800년부터 보쥬 광장으로 불리고 있다.

혁명의 기억은 시청 광장에도 남아 있다. 바스티유를 습격한 시민군은 며칠 후 시청 역시 점거한다. 바로 이곳에서 루이 16

세는 파랑, 하양, 빨강의 삼색기에 키스하는 굴욕을 맛본다. 프랑스 국기인 삼색기는 혁명군을 이끌던 라파예트 장군에 의해 파리의 상징인 빨강과 파랑에 왕실의 상징인 하얀색을 넣어 탄생했다. 공포정치의 상징물 중 하나인 단두대가 처음으로 설치된 곳이 바로 시청 광장이다.

시청에서 센강 건너에 위치한 콩시에르쥬리는 루이 16세의 부인 마리 앙투아네트가 단두대에 처형되기 전 수감돼 있던 감옥이다. 그녀의 독방은 관광객들이 둘러볼 수 있게 조성돼 있다. 콩시에르쥬리는 그녀 외에도 조르주 당통에 의해 제거된 지롱드파나 테르미도르 반동으로 처형된 로베스피에르 등 혁명의 주요 인물들이 거쳐간 곳으로 유명하다. 지금은 관광객에게 개방된 곳 일부를 제외하면 법원으로 사용되고 있다.

현재 일부가 문화부 건물로 사용되는 팔레 루아얄은 당시 각종 상점과 카페, 레스토랑이 들어서 항상 붐비는 곳이었는데, 열혈 지식인 카미유 데물랭이 혁명 전야 팔레 루아얄의 한 카페에서 동지들을 향해 "무기를 들자!"고 열변을 토하기도 했다. 혁명의 중심세력을 구성한 자코뱅 클럽 회원들이 뭉친 것도 같은 동네 어딘가의 카페였다. 아이러니하게도 공화국이 출현한 뒤에는 왕당파들이 모여 작당하는 장소가 되기도 했다.

1792년 프랑스에는 제1공화국이 들어섰다. 국민 공회는 프랑스와 국민을 배신한 혐의로 루이 16세를 혁명 재판에 회부하고 사형을 의결한다. 이듬해 1월 루이 16세는 콩코드 광장에 설치된 단두대에서 사망하고, 마리 앙투아네트 역시 같은 해 10월 같은 장소에서 같은 방식으로 처형됐다. 콩코드 광장은 루이 15

바스티유 감옥을 습격한 시민군의 두번째 타깃이었던 파리시청과 혁명 때 처음으로 단두대가 설치됐던 파리시청 광장

세의 기마상이 있어 '루이 15세 광장'으로 불리다 혁명 발발과 함께 '혁명 광장'이 됐다. 루이 16세 부부, 당통, 로베스피에르를 비롯한 1100명이 넘는 사람이 이 혁명 광장의 단두대에서 처형된 것으로 알려지고 있다. 1795년 국민공회의 공포정치가 막을 내리고 총재정부가 들어서면서 이 광장은 '화합'을 뜻하는 '콩코드 광장'으로 이름이 바뀌었다.

1995년 대선에서 처음으로 당선된 우파 정당의 자크 시라크 대통령은 선거 당일 저녁 콩코드 광장에 모여 시민들과 당선 축하 행사를 가졌다. 이에 앞선 1981년 대선에서 승리한 공화국의 첫 좌파 대통령 프랑수아 미테랑은 바스티유 광장에서 당선의 기쁨을 나눴다. 지난 2012년 대선에서 올랑드 대통령이 그랬던 것처럼. 정치인들은 종종 자신이 서 있는 장소만으로도 많은 걸 말해준다.

04
도시 전체가 하나의 작품
파리와 건축물

우리 선배 세대가 정복자들의 영광을 위해 저 강렬한 개선문을 건설한 것과 마찬가지로, 나는 프랑스 산업의 가장 위대한 명예를 위해 현대 과학의 영광을 드높이고 싶었다.

―귀스타브 에펠

전 세계 스마트폰 시장의 주도권을 놓고 벌이는 삼성과 애플의 법정 소송전은 더 이상 새로울 것이 없는 뉴스다. 국경을 넘나드는 이 두 기업의 소리 없는 전쟁이 법정을 벗어나 파리 시내 한복판에서도 재연된 적이 있다.

몇 해 전 봄이었다. 파리 시내 센 강변의 유명 관광지인 콩시에르쥬리 외벽에 설치된 대형 공사 가림막에 당시 애플이 출시한 신형 아이패드의 광고가 내걸렸다. 포스터의 면적은 무려 140평방미터였다. 수시로 센강 유람선이 지나가고, 노트르담과 루브르 박물관이 걸어서 10분 거리인데다, 젊은이들이 특히 많은 라틴 지구와 가까우며, 파리를 통과하는 거의 모든 국철이 지나는

혁명기 감옥 용도로 사용돼 루이 16세와 마리 앙투아네트 부부가 갇혀 지낸 것으로 유명한 콩시에르쥬리.
외벽 공사를 마치고 가림막을 철거한 뒤의 모습이다

샤틀레 역 건너편에 내걸렸던 이 광고의 효과는 가히 천문학적이었을 것이다.

삼성의 반격은 역시 태블릿 PC인 갤럭시 탭의 프랑스 출시에 맞춰 그해 가을에 이뤄졌다. 같은 장소에 같은 크기의 대형 광고가 설치됐다. 그런데 같은 포스터를 크기만 키워 설치했던 애플과 방식은 달랐다. '역사 속으로 들어오세요'라는 캐치프레이즈 아래 마리 앙투아네트 초상화를 태블릿 PC 안에 넣은 그림이 선보였다. 마리 앙투아네트 초상화는 예술가들이 직접 두 대의 곤돌라에 올라 12일 동안 수작업으로 그린 후에야 완성됐다.

이 광고 작업의 초기에 화가들이 걸개그림을 그리는 광경을 본 파리 시민과 관광객들은 그들의 의도를 제대로 알 수 없었다. 도대체 저들이 그리고 있는 것이 무엇일까, 왜 저걸 그리고 있는 것일까, 광고라면 무슨 제품을 광고하는 것일까, 궁금증은 날이 지날수록 커져만 갔다. 삼성 로고는 맨 나중에 그려졌다. 작업이 끝난 뒤 궁금증은 풀렸고, 이 모든 과정은 비디오에 담겨 유튜브를 통해 전파됐다. 적어도 센 강변의 광고전에서는 삼성의 완승이었다.

수백 년 된 고성에 거대 기업이 초대형 걸개 광고를 할 수 있었던 것은 2006년 개정된 문화재법 덕분이다. 1979년 제정된 환경법은 '문화재로 등록된 건물에는 어떤 상업광고도 할 수 없

센 강변의 콩시에르쥬리 외벽공사 가림막에 설치된 애플의 아이패드 광고와 삼성 갤럭시 탭 광고. 프랑스 정부는 문화재 관리 보수에 연간 4억 유로를 지출한다

도록' 정했는데, 30년 넘게 예외 없이 지켜지던 이 원칙에 균열이 생긴 것이다. 다만 세 가지 단서가 붙었다. 외부에 한정할 것, 문화재 보수공사 가림막의 50퍼센트를 넘기지 않을 것, 여기에서 발생한 수익은 공사 예산으로만 사용할 것. 콩시에르쥬리의 광고단가는 월 20만 유로(약 3억 원)로 알려졌다. 2012년 말까지 계속된 콩시에르쥬리 보수 공사의 총비용은 230만 유로(약 33억 원)였다.

법률 개정 이전에는 문화재 보수공사를 할 경우 그 문화재와 같은 크기의 건물 그림이나 사진이 내걸렸다. 1년 넘게 보수

공사가 진행되는 곳도 허다한데, 이 시기에 해당 건축물을 찾은 관광객은 실제 건물을 보지 못하고 그 건물의 대형 사진 앞에서 기념사진을 찍고 돌아서는 웃지 못할 진풍경을 연출해야 했다.

관광객 입장에서는 광고판이나 실물 크기의 건축물 사진이나 실제 모습을 볼 수 없다는 사실에 실망스럽긴 마찬가지지만, 광고판을 걸었을 경우 문화재를 관리하는 입장에서는 당연히 재정 확보에 큰 도움이 된다. 프랑스가 문화재 관리 보수에 쏟는 돈은 연간 4억 유로(약 5100억 원)에 달한다. 법이 시행된 2007년 이후 2014년까지 공사 가림막 광고비로 문화재 보수에 사용한 돈은 9200만 유로(약 1200억 원)인 것으로 집계됐다. 연간 1300만 유로(약 170억 원) 남짓이지만 결코 작은 액수는 아니다.

마들렌 성당 우측에 뜬금없이 걸렸던 럭셔리 브랜드의 모델 사진이나 센 강변 프랑스 학술원을 뒤덮은 SUV 자동차 사진 등은 파리 시내 풍경을 바꿔놓는 중요한 요소임에 분명하다. 그런 점에서 이 문제는 아직도 논쟁 중이다. 2015년 하원에서는 환경법의 예외를 규정한 문화재법 조항을 폐지하기로 했다. 문화재 외부 가림막 광고 폐지를 골자로 한 문화재법 개정안은 325 대 189, 꽤 큰 차이로 하원을 통과했다. 그러나 3개월 후 상원에서는 표결에도 부치지 못하고 폐기됐다. 위원회 차원에서 수정 조항을 삭제한 것이다.

아무리 자존심 센 프랑스인들이라 해도 자신들의 호주머
니를 더 가볍게 할 결정을 내리기는 쉽지 않아 보인다. 조그만 공
공재 하나에도 나름의 미적 기준을 제시하는 프랑스인들이 자신
의 얼굴과도 같은 문화재에 대형 상업광고를 허용했다가 이를 다
시 없애야 한다는 목소리가 나오는 것, 이 사실 자체로 천문학적
비용과 공공성 사이에서 겪는 프랑스 정부의 딜레마를 보여준다.
달리 보면 프랑스인들이 문화재, 특히 건축물의 관리와 보수에
얼마나 공을 들이고 있는지를 알 수 있다.

프랑스 정부 차원에서 관리하고 있는 국가 문화재는 콩시에르쥐리를 비롯해 파리에 9곳, 전국에 100여 곳이다. 정부의 직접 관리는 아니지만, 정부가 일정한 금액의 보조를 하는 문화재급 건축물들은 수만 곳에 달한다.

프랑스 건축물들이 적게는 100년에서 많게는 1000년 넘게 보존되고 있는 것은 대부분 돌을 이용한 석조건물이기 때문이다. 특히 파리는 주변에 산이 없어 지하의 석회암 층을 파내 건물을 짓는 데 사용했다. 19세기 중반까지도 파리 지하의 채석 작업이 이어졌다. 그리고 이로 인해 생긴 지하 공간은 하수로나 무덤 등으로 이용됐다. 파리의 지하터널 총 길이가 300킬로미터에 달한다는 연구결과도 있다. 영화〈레미제라블〉에 등장하는 파리 하수도의 숨막히는 추격 장면이 가능했던 이유이기도 하다.

파리를 특징짓는 기념비적인 건축물들은 대개 강력한 왕권 하에 건설된 궁이나 종교시설, 공공기관 등이다. 파리의 기원이 된 시테섬에 위치한 콩시에르쥐리는 파리가 프랑스의 수도로 기능할 무렵인 10세기에서 왕실이 루브르궁으로 옮기기 전까지 약 500년간 왕의 주요 거처로 사용됐다. 중세시대 프랑스의 국가체제 기틀을 마련한 카페 왕조의 필립 오귀스트도 이곳을 거쳐갔다. 루브르궁을 짓도록 지시한 것도 필립 오귀스트였다. 이후 법원과 감옥 등 행정적인 기능의 공공기관으로 이용되다 혁명 당시

혁명 200주년을 기념해 만든 루브르 박물관 중정의 유리 피라미드

반혁명 인사들을 가둔 감옥으로 악명을 떨쳤다. 삼성이 광고에서 활용했던 마리 앙투아네트가 단두대로 향하기 전 지냈던 수용실은 지금도 방문이 가능하다. 현재의 건물은 18세기에 대대적인 보수공사로 다시 태어났다.

　　파리의 주요 건축물로 시테섬 동쪽 끝에 위치한 노트르담 대성당을 빼놓을 수 없다. 12세기에 건설된 대표적인 고딕 건축 양식으로 건축기간만 200년(1163~1345)에 가까웠던 이 성당은 연간 약 1300만 명이 방문해 단일 장소로는 파리에서 가장 많은 사람이 다녀가는 곳이다. 입장료를 받지 않는다는 것도 하나의 이유가 될 수 있겠지만, 이 성당을 둘러싼 수많은 이야기들과 웅장한 건축물의 첫인상이 더 큰 매력일 것이다. 단순히 거대한 크기로 웅장하기만 한 것이 아니라 구석구석 섬세한 맛까지 갖췄다. 성당 안을 산책하다 만나는 스테인드글라스, 일명 장미창 앞에서는 절로 감탄사가 흘러나온다.

이밖에도 파리에는 지은 지 수백 년이 넘은 화려한 건축물들이 곳곳에 널려 있다. 눈여겨봐야 할 것은 프랑스인들이 건축을 대하는 자세와 방식이다. 관리 보수에 천문학적 액수의 돈을 들이는 것은 차치하더라도 새롭게 건축되는 건물들의 면면을 들여다보면 그들의 철학을 어느 정도 이해할 수 있다. 주변과의 조화는커녕 다소 엉뚱해 보이는 경우도 있지만 건축 주체나 건축가의 철학과 시대를 앞서는 첨단기술, 독특한 디자인 등에 건물을 둘러싼 다양한 이야기들을 스토리텔링으로 더하면서 새로운 전설이 '만들어'진다.

대표적인 것이 에펠탑이다. 지금은 100년 넘은 고건축에 속하지만 에펠탑 건축 당시인 19세기 후반 프랑스 사회의 반대

개선문과 한 축에 놓이도록 설계된 일명 신개선문, 그랑드 아르슈

목소리는 무척 거셌다. 기 드 모파상 등 문인과 예술가들이 연판장을 돌려 반대하기도 했다. 노트르담과 루브르, 개선문이 있는 아름다운 고도시에 흉물스런 철탑은 결코 어울리지 않는다는 것이 이유였다. 하지만 현재의 에펠탑은 파리라는 도시에서 빼놓을 수 없는 상징이 됐다.

1989년 건설된 루브르 박물관 중정(中庭)의 유리 피라미드도 비슷하다. 중국계 미국인 이오밍 페이가 설계한 유리 피라미드는 에펠탑에 버금갈 정도의 반대와 비판을 감수해야 했다. 에펠탑 건설이 프랑스 대혁명 100주년을, 루브르 피라미드는 대혁명 200주년을 기념하기 위해 기획됐다는 사실도 비슷한 점이다. 루브르 중정으로 들어서서 유리 피라미드를 보자마자 자동적으로 스마트폰을 꺼내 포즈를 취하는 수많은 관광객들의 모습 앞에서 지난날의 논란은 상상조차 힘든 일이 되고 만다. 대혁명 300주년인 2089년에는 파리의 어느 곳에서 또 어떤 건축물이 논란을 일으키며 새로운 명소로 자리 잡게 될까 하는 호기심 어린 기대가 생긴다.

대혁명 200주년을 맞이해 제막식을 가진 건축물이 또 있다. 유럽 최대의 비즈니스 센터인 라데팡스 지구의 그랑드 아르슈다. 에투알 광장의 개선문과 일직선상에 위치한 이 그랑드 아르슈는 덴마크 건축가인 요한 오토 폰 슈프레켈젠이 설계하고 엔지니어인 에릭 라이첼과 작업했다. 이들은 대혁명을 기념하기 위해 세워지는 건축물을 루브르궁에서 시작돼 튈르리 공원과 콩코드 광장, 샹젤리제 거리를 지나 개선문까지 이어지는 소위 '왕의 축'의 연장선 위에 놓았다. 나폴레옹이 세운 에투알 광장의 개선문이 군사적 승리를 의미한다면, 그랑드 아르슈는 인간 정신의 승리를 담은 20세기형 '신개선문'인 것이다. 프랑스 정부 측과 갈등을 겪던 건축가 슈프레켈젠은 결국 1984년 초 자신의 콘셉트는 그대로 유지하는 조건으로 이 일에서 손을 뗐는데, 준공을 2년 앞두고 사망해 그랑드 아르슈의 실물은 끝내 보지 못했다.

05
세계를 휩쓸 새로운 종교의 탄생
파리와 백화점

파리에서는 모든 것에 세금이 붙는다. 거기에선 모든 것을 팔고,
모든 것을 만든다. 성공까지도.

-오노레 드 발자크,《잃어버린 환상》

1848년 2월 혁명으로 7월 왕정이 사라진 자리에 제2공화
국이 들어섰다. 같은 해 12월에 열린 대통령 선거에서는 나폴레
옹의 조카인 루이 나폴레옹이 압승했다. 당시 루이 나폴레옹은
크게 알려지지 않은 인물이었지만, '황제' 나폴레옹 1세의 향수를
자극한 보나파르티즘을 앞세워 민중의 표를 얻을 수 있었다. 이 때
문에 혁명의 열매를 엉뚱한 사람이 따먹어버렸다는 지적도 나왔
다. 임기 마지막 해인 1852년 루이 나폴레옹은 친위 쿠데타를 통
해 스스로 황제에 등극한다. 프랑스 국민들은 제2공화국이 4년
만에 막을 내리고 제2제정이 탄생하는 것을 그냥 지켜봐야 했다.

공화국이 제국으로 바뀌고, 대통령이 황제로 바뀌었던 그
엄혹한 해에 파리에서는 어쩌면 프랑스 내 정치권력 변화와 비교

도 할 수 없을 만큼 큰 사건이 일어났다. 한 건물 안에서 옷과 모자, 장갑이나 구두까지 살 수 있는 대형 상점이 문을 연 것이다. 백화점의 등장으로 도시민의 소비 패턴이 바뀌고 지금까지도 거기에서 크게 벗어나지 않는 걸 보면, 영향력 차원에서는 1852년 이후로도 몇 번이나 더 바뀐 정치 상황에 비할 바가 아니다.

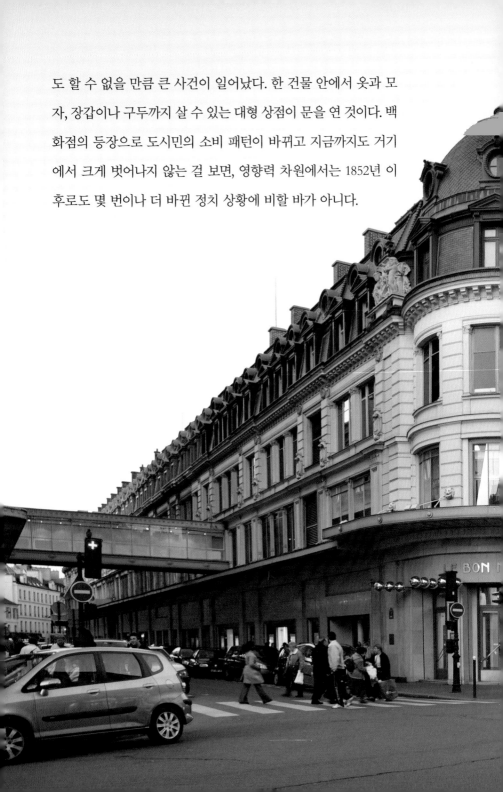

현대식 백화점의 원형으로 에밀 졸라 소설의 배경이 되었던 프랑스 최초의 백화점 오 봉마르쉐 (사진: hiro449444)

파리 시내 유한부인들의 마음을 설레게 했던 프랑스 최초의 현대식 백화점 '오 봉마르쉐'는 어느 날 아침 갑자기 생긴 것이 아니었다. 신유행품점이라 불리는 대규모 상점들이 18세기 후반부터 파리 곳곳에 자리를 잡아가고 있었다. 소설가 발자크는 이 새로운 상점들의 행렬을 보며 "마들렌 성당 광장에서 생 드니 문까지 쭉 진열되어 있는 상품들의 위대한 시가 각양각색의 시구를 노래하고 있다."고 적었다. 발자크가 화려한 쇼핑가에서 시를 떠올린 건 간판에 새겨진 단어들 때문이 아니었을까. '무굴 제국에서', '붉은 양탄자', '왕비의 시녀', '중국 도자기 인형 둘', '금빛 턱수염', '우아한 여성에게', '정원의 아름다운 여인' 등이 파리에서 잘 나가던 상점의 이름이었다.

발터 벤야민은 이런 상점들이 모여 있던 아케이드에 주목했다. 그가 '백화점의 전신'으로 꼽은 아케이드는 당시 직물 거래의 번창과 철골 건축의 시작이 맞물려 생겨나기 시작해 이내 '사치품 거래의 중심'으로 떠올랐다. 이제 소비자들은 비가 오는 날에도 비 맞을 걱정 없이 산책하듯 유유히 아케이드를 거닐며 쇼윈도에 진열된 상품들을 고를 수 있게 됐다. 백화점에서는 상품과 고객 사이에 놓여 있던 유리창마저 걷어내 버렸다. 아케이드의 흔적은 센강 우안 오페라 하우스 인근에 일부 남아 있다.

아케이드는 파사주로 불리기도 했는데 1870년경 파리에는 150개에 가까운 파사주가 성업 중이었다. 오스만의 도시 개발과 백화점의 등장으로 파사주는 내리막을 걷게 됐다. 그러나 앙드레 브르통이나 폴 모랑, 로베르 두아노 등 작가와 사진가 그룹은 20세기 중반까지도 꾸준히 파사주를 즐겨 찾은 유명인으로 알려져 있다. 이 남성 예술가들은 갇힌 백화점에서의 쇼핑보다는 파사주 내 카페나 레스토랑에서 만나 이야기를 나누고 아기자기한 상점의 물건들을 구경하며 산책하는 것을 더 즐겼다. 파사주는 최근 들어 다시 조명을 받고 있다. 파노라마 파사주, 비비엔 갤러리, 그랑 세르 파사주 등 고풍스러운 분위기를 물씬 풍기는 벨에포크 느낌의 상점과 카페들이 늘어선 파사주 10여 곳이 파리 시내에 영업 중이다.

이런 아케이드를 제치고 파리에 혜성처럼 등장한 백화점이라는 공간을 그 누구보다 매서운 눈으로 지켜본 이가 있었다. 에밀 졸라의 소설《여인들의 행복 백화점》(1883)은 아예 1860년대를 배경으로 삼아 파리의 첫 백화점 '오 봉마르쉐'를 모델로 했다. 졸라는 시골에서 온 젊은 여성이 우여곡절 끝에 백화점 점원으로 일하게 되면서 벌어지는 일들과 당시 풍속들을 자연주의 소설의 대가답게 그림 그리듯 묘사했다. 백화점이라는 새로운 유통 개념이 생겨나고, 주변의 소상공인들이 몰락하는 과정이 담겨 있는가 하면, 정가제와 바겐세일 등 우리에게 너무나도 익숙한 각

백화점의 전신으로 알려진 아케이드형 쇼핑몰인 비비엔 갤러리

종 마케팅 방식도 자세하게 그리고 있다. 이런 이야기는 당시로 부터 100년이 훌쩍 지난 지금도, 그리고 백화점이나 대형 마트가 있는 곳이라면 전 세계 어디서나 발생할 수 있는 일이라는 점에 서 작가의 혜안에 박수를 보내지 않을 수 없다. 소비만능주의가 종교와 닮았다는 점도 그는 놓치지 않는다. 졸라는 '현대 상업의 대성당'인 백화점은 높고 깊은 정문과 고급스러운 양탄자 등 외 형마저 종교를 닮아가고 있다고 지적했다.

　　"그가 창조해낸 것들은 새로운 종교를 일으켰다. 그의 백 화점은 흔들리는 믿음으로 인해 신도들이 점차 빠져나간 교회 대

센강 우안의 대표적 백화점 중 하나인 갤러리 라파예트 백화점의 야경

신, 비어 있는 그들의 영혼 속으로 파고들었다. 여인들은 공허한 시간을 채우기 위해 그의 백화점을 찾았다. 그리하여 예전에는 예배당에서 보냈던 불안하고 두려운 시간들을 그곳에서 죽여나 갔다. 백화점은 불안정한 열정의 유용한 배출구이자 신과 남편이 지속적으로 싸워야 하는 곳이며, 아름다움의 신이 존재하는 내세 에 대한 믿음과 육체에 대한 숭배가 끊임없이 다시 생겨나는 곳 이었다. 그가 백화점 문을 닫는다면 거리에서 폭동이 일어날지도 모를 일이었다. 고해실과 제단을 박탈당한 독실한 신자들이 절망 적으로 외치게 될 것이기 때문이었다."《여인들의 행복 백화점》, 시공

사, 2012) 졸라는 작가 노트에서 이 작품을 통해 "현대 생활의 시를 써보고자 했다."고 밝혔다. 발자크가 아케이드에 진열된 상품을 보며 시를 떠올렸던 것과도 맞닿아 있다.

'오 봉마르쉐' 백화점은 개점 첫 해인 1852년 점원 12명에 300평방미터 규모로 시작해 50만 프랑의 매출을 올렸다. 25년 후인 1877년에 매출 7200만 프랑을 기록했고, 몇 번의 확장공사를 거쳐 5만 평방미터로 넓어졌으며 점원수는 1788명에 달했다. 이 숫자들만 봐도 백화점이 파리지앵에게 미친 영향을 짐작해볼 수 있다. 처음으로 여성용 화장실이 생겼고, 남성을 위한 휴게 공간도 마련됐다. 쇼핑하는 부인을 기다리며 독서하는 남편을 위한 배려였다. '오 봉마르쉐'는 '르 봉마르쉐'로 이름을 바꿔 지금도 같은 자리에서 여전히 성업 중이다. 불어로 '봉 마르쉐'는 저렴하다는 뜻의 관용 표현인데 지금의 '르 봉마르쉐' 백화점은 명품관에 가까울 정도로 고급스러운 브랜드를 취급하고 있다는 점이 특이할 만하다. 다

만 개점 초기인 19세기에는 공산품을 취급하는 백화점의 상품 가격이 장인들이 만드는 물건에 비해 쌌을 것이기 때문에 '저렴한 가격을 내세운 백화점'이라는 개념이 틀린 말은 아니었을 것이다.

센강 좌안에 '르 봉마르쉐'가 있다면, 루브르 박물관과 오페라 하우스, 샹젤리제 거리 등이 있는 우안에는 더 다양한 백화점들이 각축을 벌였다. 센 강변의 사마리텐느 백화점은 오 봉마르쉐 백화점이 최고의 인기를 누리던 1870년에 문을 열었다. 백화점은 강의 우안 측 퐁뇌프 다리 바로 앞에 위치해 있다. '사마리아 여인'이라는 뜻의 백화점 이름은 퐁뇌프 다리에 설치돼 있던 양수 펌프 건물에서 따왔다. 지금은 사라지고 없는 그 건물의 외벽에는 야곱의 우물에서 예수와 사마리아 여인이 만나는 장면을 묘사한 부조가 새겨져 있어서 '사마리텐느 펌프'로 불렸다. 사마리텐느 백화점의 창업자는 오 봉마르쉐 백화점의 기성복 매장에서 일하던 여인과 결혼하고, 오 봉마르쉐 백화점의 마케팅 기법들을 다

퐁뇌프 다리에 있던 양수 펌프의 우물가에 사마리아 여인의 부조가 새겨져 있어 '사마리텐느'로 불리게 된 사마리텐느 백화점과 퐁뇌프 다리

수 차용했다고 전해진다. 1970년대부터 하향곡선을 그리다 결국 2005년 문을 닫은 이 백화점은 19세기 유행했던 아르누보 스타일의 건물 외부장식이 아직도 남아 있다. 건물 곳곳에는 사마리텐느 글자들이 옛 영화를 기억하는 듯 도도하게 새겨져 있다. 파리 역사유산으로 지정된 이 건물에는 호텔과 쇼핑몰이 들어설 예정이다.

사마리텐느 백화점보다 앞선 1865년에는 생 라자르 역 인근에 프렝땅 백화점이 문을 열었다. 오 봉마르쉐 백화점의 2인자로 일했던 쥘 잘뤼조는 백화점 고객이던 스타 연극배우 오귀스틴 피쟉과 결혼했는데 적지 않았던 피쟉의 결혼 지참금이 프렝땅 백화점의 종자돈이 됐다. 프렝땅 백화점은 최초의 자가발전 시설을 갖춘 백화점으로도 유명했다. 1867년 파리 만국박람회에 출품됐던 당대 최고의 발명품 엘리베이터가 설치된 곳도 바로 프렝땅 백화점이었다. 정가제를 정착시켜 더 이상 매장에서 흥정을 할 수 없도록 했으며, 계절이 끝나갈 무렵에는 꼭 세일을 했다. 정기 세일의 시초였다. '봄'이라는 뜻의 백화점 이름을 마케팅에 적극 활용하기 위해 봄이 시작되는 첫날인 매년 3월 21일에는 손님들에게 제비꽃 묶음을 선물했다. 프렝땅 백화점은 국내외 25개 점포를 가진 대형 그룹으로 성장했다. 오래 버티지는 못했지만 우리나라에도 진출한 적이 있기 때문에 한국인에게도 이름이 그리

갤러리 라파예트 백화점과 함께 센강 우안의 대표적 백화점 프렝땅의 천장

낯설지 않을 것이다.

　프렝땅 백화점이 끝나는 곳에서 시작되는 갤러리 라파예트 백화점은 프렝땅 백화점과 함께 가장 대중적인 파리의 양대 백화점 중 하나다. 사촌지간인 테오필과 알퐁스는 1894년 오페라 하우스 뒤편 라파예트 가에 '갤러리'라는 이름의 양장점을 열었다. 70평방미터로 시작된 상점이 지금의 '갤러리 라파예트'가 됐다. 당시 대세였던 오 봉마르쉐나 프렝땅 백화점의 창립자들이

ANNEXE·AMEUBLEMENT

19세기 오 봉마르쉐 백화점 전단지

주로 상점의 판매원 출신이었다면, 이들은 옷을 직접 제조하는 일에 종사했다는 점이 다르다. 창립자들의 전력이 영향을 미쳤는지 알 수는 없지만, 갤러리 라파예트 백화점은 다른 곳에 비해 자체 브랜드 제품을 공격적으로 마케팅한 곳으로 잘 알려져 있다. 파리 시내 본점을 비롯해 프랑스 전역에 54곳의 분점과 7곳의 해외 분점이 영업 중이다.

발터 벤야민의 분석처럼 19세기 파리는 '사치와 유행의 수도로 공인'된 곳이었다. 이 현상의 여러 단면 중 하나가 백화점이라는 형태로 나타난 것이다. 이제 사치와 유행의 수도를 자처하는 곳들은 전 세계 어디에나 즐비해 있다. 그런 곳에는 어김없이 백화점이나 대형 마트가 버티고 서서 사람들을 향해 손짓하며 유혹한다. 바겐세일 첫날의 부산함은 국적을 가리지 않는다. 서울 도심에서 평소와 다르게 오전 시간에 막히는 구간을 만난다면 인근 백화점의 세일이 시작된 것은 아닌지 살펴볼 일이다. 프랑스에서도 대대적으로 실시되는 정기세일 기간의 첫날 백화점을 찾는 사람들의 눈빛은 확실히 전투적이다.

　　개인의 탐욕을 먹고 자란 자본주의는 제동장치가 없는 기차를 닮았다. 그 기차의 여러 칸 중 하나에 화려한 모습의 백화점이 들어서 있을 것이다. 오페라 하우스 뒤편 오스만 대로를 걷다 보면 파리에서 가장 규모가 큰 두 백화점, 프렝땅과 갤러리 라파예트를 차례로 만날 수 있다. 이 길에서는 양손에 쇼핑백을 들고 두 백화점을 오가는 수많은 관광객을 마주치게 된다. 그들의 재촉하는 듯한 발걸음과 다소 상기된 표정은 어딘지 모르게 경건하기까지 하다. 그들을 '현대 상업의 대성당'인 백화점의 원형을 찾아나서 '진열되어 있는 상품들의 위대한 시'를 음미하는 성지순례객으로 본다면 그들에게서 풍겨져 나오는 경건함 역시 이해하지 못할 일도 아니다.

06

도시의 모든 이야기를 담은

파리와 길

파리는 일개 도시가 아니라 국가다.
-프랑수아 1세

약 220만 명이 사는 파리 시내의 하루 평균 차량 통행량은 300만 대에 달한다. 꼬리를 무는 차량의 행렬로 도심 곳곳이 몸살을 앓는 건 현대의 다른 대도시와 다를 바 없다. 그러나 여전히 파리는 보행자의 도시다. 파리의 길은 일주일에 두 번 서는 동네 장터 상인들에게는 생활의 공간이고, 유모차를 앞세워 한가로이 걷는 젊은 부부들에게는 산책의 공간이며, 피켓을 들고 대로를 행진하는 시위대에겐 분노를 표출하는 공간이 된다.

노트르담 성당이 있는 시테 섬과 뒤편 생 루이 섬을 잇는 생 루이 교의 뮤지션들. 신심이 깊었던 루이 9세 왕이 기도를 하러 들렀던 이 섬에 후세들이 그의 이름을 붙였다.

파리의 길은 13세기 309개에서 루이 15세 치하의 18세기에 789개로 불어났고, 현재는 6000여 개에 이른다. 도시의 경계가 넓어질수록 당연히 길의 수도 많아졌다. 길의 번지수를 매기는 방식은 1805년 정해졌다. 센강과 평행으로 난 길은 상류에서 하류 방향으로 번지수가 점점 커지고, 강과 직각을 이루는 길의 번지수는 센강에서 가까운 곳에서 시작해 먼 곳에서 끝난다.

일반적으로 길은 '뤼(rue)'라고 하고, 대로는 '아브뉘(avenue)'라 부른다. 그리고 성곽이 있던 자리를 허물어 생긴 대로는 '불르바르(boulevard)'라 한다. 대로의 기준은 길의 옆에 가로수가 있는지의 여부였다. 시간이 지나면서 이 기준이 모호해졌고 용어들은 고유명사로 굳었다. 그 때문에 지금은 가로수가 없는 '아브뉘'도 있고, '불르바르'보다 넓은 '뤼'도 볼 수 있다.

1000년 넘게 프랑스 수도로 기능하고 있는 파리의 길에는 그 숫자만큼이나 많은 이야기들이 담겨 있다. 그 길과 연관이 있는 인물 또는 지역, 사물 등이 이름으로 등장한다. 파리의 길에 얽힌 역사를 통해 시간 여행을 떠나보자. 거기에서 파리를 점령했던 로마인들, 나라를 호령했던 중세의 왕들, 현대 프랑스의 기틀을 마련한 정치가들을 만날 수 있다. 여행자들에게 파리의 길은 발견의 공간이다.

로마인들의 길

파리에서 가장 오래된 길 중 하나로 라틴 구역의 무프타르 가를 꼽는다. 라틴 구역은 센강 좌안에 위치한 생트 쥬느비에브 언덕을 중심으로 형성돼 있는데, 13세기에 설립된 소르본 대학이 있어 18세기 후반까지도 라틴어가 공식언어로 통용되던 지역이었다. 1세기경 로마인들이 파리를 점령한 뒤 극장과 공중목욕탕 등을 건설하고 시테섬을 벗어나 도시를 넓혔던 지역이기도 하다. 로마인들은 시테섬에서 퐁텐블로 숲으로 갈 때 무프타르 가를 이용했다. 모든 길이 로마로 통하던 시절, 파리와 로마를 잇는 길이었던 셈이다.

지금의 무프타르 가는 대학가에서 멀지 않아서인지 젊은 이들이 많고, 오래된 식당과 치즈 가게, 과일 가게 등이 있어 항상 활기를 띠는 곳이다. 길의 초입인 작은 광장은 선술집과 카페들로 둘러싸여 밤늦게까지 활기를 이어간다. 20세기 초 작가 조르주 뒤아멜은 《자정의 고백》이라는 소설에서 "음식물의 동맥이 도시의 가장 기름진 곳으로 흐르는 것처럼, 무프타르 가는 거칠고 혼잡스럽고 떠들썩한 곳들을 가로질러 북쪽에서 남쪽으로 향한다."고 묘사했다.

파리를 점령한 로마인들이 북진을 위해 이용했던 곳으로 추정되는 길이 생 드니 가이다. 파리 최초의 주교인 드니 성인에

파리에서 가장 오래된 길 중 하나인 무프타르 가 초입. 이 길은 자동차가 하나 지나갈 듯한 좁은 길 로 젊은이들이 많고, 시장이 서 항상 활기를 띤다

게 헌정된 이 길은 센강과 평행을 이루는 리볼리 대로에서 시작해 포르트 드 생 드니에서 끝난다. 생 드니 문이라는 뜻의 포르트 드 생 드니는 루이 14세 시절의 성곽터에 있는데 19세기 도시 정비를 통해 성곽이 없어진 자리에 대로가 들어섰고, 문은 대로 가운데 남겨졌다. 현재의 생 드니 가에는 성인용품 가게와 홍등가 등이 자리하고 있다.

파리가 아직 파리가 아니던 시절의 길들이다. 파리가 로마의 여러 지방 도시 중 하나였던 그 시절에는 센강 주변의 이 도시를 뤼테스(Lutèce)라고 불렀다. 파리라는 이름을 갖게 된 것은 4세기에 들어서였다. 로마의 여러 거점 도시에서 남과 북을 잇는 축을 카르도 막시무스(cardo maximus)라고 불렀는데, 파리의 카르도 막시무스는 센강 우안의 생 드니 가와 좌안의 생 자크 가가 대표적이다. 생 자크 가는 라틴 구역을 가로지르는 대로로 지금도 파리의 주요 도로 중 하나로 기능하고 있다.

프랑스 왕국의 길

강력한 왕권을 확립한 '존엄왕' 필립 오귀스트를 기리는 필립 오귀스트 대로는 루브르나 시테섬 등 고궁이 몰려 있는 파리 시내에 있지 않고, 동쪽의 나시옹 광장에서 북쪽의 페르 라쉐즈 묘지까지 뻗어간다. 길이 시작되는 광장의 한 편에 19세기 중반 세워진 4미터짜리 거대한 탑 위의 '존엄왕' 동상에서 길 이름이 시작된 이유를 유추해볼 수 있다. 필립 오귀스트는 파리를 프랑스의 수도로 정착시킨 이로도 유명한데, 그가 12세기에 세운 3미터 두께에 9미터 높이의 성곽은 규모만으로도 그의 위용을 가늠케 한다. 성곽의 총 길이는 5킬로미터, 당시 파리의 도시 면적은 253헥타르였다.

12세기에 수도 파리를 방어할 목적으로 지은 필립 오귀스트의 성벽터가 마레 지구에 남아 있다

필립 오귀스트에게 가장 두려운 적이었던 영국 왕과 노르망디 공작의 공격으로부터 수도 파리를 방어할 때 가장 취약한 지점이 센 강변의 서쪽이었다. 그곳에 집중적으로 높은 탑과 두터운 성벽을 세웠는데 바로 지금의 루브르 박물관 자리다. 지금도 클로비스 가, 루브르 가, 장 자크 루소 가, 탕플 가, 에티엔 마르셀 가 등 시내 곳곳의 지하와 지상에 필립 오귀스트 성곽의 흔적들이 남아 있다.

필립 오귀스트가 파리에 미친 영향은 지대하다. 12세기 말 파리의 도로가 포장될 수 있었던 것도 그 덕분이었다. 루브르궁에서 창문을 통해 센강을 내다보길 즐겼던 필립 오귀스트는 어느 날 진흙탕을 지나온 마차 바퀴가 길을 더럽히고 악취를 풍긴다는 걸 깨닫게 됐다. 그는 제3차 십자군 원정을 떠나면서 루브르 주변 도로를 포장하라고 지시했다. 파리 시내 관광지 주변 도로는 여전히 아스팔트가 아닌 돌을 이용한 옛날 방식의 포장이다. 차가 덜컹거려 승차한 사람들에게는 불편을 주지만 도시를 산책하며 도로를 보는 이들에게는 옛날 느낌을 제대로 살려준다. 샹젤리제 거리와 콩코드 광장, 루브르 박물관 등도 여전히 돌 포장인데, 혹시 그곳을 지날 때면 필립 오귀스트를 떠올려 봄직하다

나시옹 광장에 있는 필립 오귀스트 동상 맞은편에는 그의 손자이자 프랑스의 왕 중 유일하게 가톨릭 성인 반열에 오른 '성

왕(聖王)’ 루이 9세의 동상이 있다. 루이 9세의 이름을 딴 생 루이 가는 노트르담 성당이 있는 시테섬 옆의 생 루이 섬 안에 있다. 도시화되기 전 소들을 방목하던 곳이어서 젖소 섬으로 불리던 이곳은 1725년부터 지금의 이름인 생 루이 섬으로 바뀌었다. 신심이 두터워 제8차 십자군 원정에 직접 참가하기도 했던 생 루이 왕이 종종 이 섬에 와 기도를 했다는 전설과 관련이 깊다.

공화국의 길

혁명의 상징인 바스티유 광장에서 나시옹 광장으로 가는 길은 2킬로미터 남짓의 포부르 생 앙투안 가로 불린다. ‘포부르 (faubourg)’는 성곽 또는 도시의 경계 등을 뜻하는데, 성곽 주변의 마을 군락을 주로 지칭한다. 지명에 이 단어가 나온다면 역사적으로 성의 경계였거나, 경계에 주민들이 모여 살던 마을이 있었음을 유추해볼 수 있다. ‘생 앙투안’이라는 이름은 길 옆에 있던 수도원에서 왔다. 13세기에 설립된 이 수도원은 현재 병원으로 사용되고 있다.

앙투안 수도원이 있던 이 길의 인근은 13세기를 전후해 조성된 파리 외곽의 마을이다. 주변 로케트 가, 샤론느 가, 샤랑통 가 등에 가구상, 목공소, 구두공장, 철공소 등이 모여 있고, 노동자와 수많은 상인들이 있어 파리 경제의 상당 부분을 책임지는 곳이었

파리에서 가장 좁은 길인 샤 키 페슈 가

다. 인구밀도가 파리에서 가장 높은 동네 중 하나이기도 했다.

　　대혁명의 해인 1789년 4월 이 길에서 주목할 만한 사건이 벌어졌다. 혁명의 촉매가 된 삼부회가 소집되기 일주일 전인 4월 28일, 성난 노동자들이 파리시청 광장까지 진출해 제지공장 사장인 장 밥티스트 레베이용의 허수아비를 불태우며 대규모 시위를 벌였다. 레베이용이 원자재 가격 상승 등을 이유로 노동자의 임금 삭감을 결정했기 때문이다. 일명 레베이용 폭동에서 시민과 노동자 300여 명이 진압군에 의해 사망했고 수천 명이 부상당했다. 프랑스의 운명을 바꿔놓은 대혁명의 전조와도 같은 사건이었지만 당시로서는 그 후폭풍을 예상할 수 없었다.

　　3개월 후인 7월 14일, 성난 파리 시민들이 바스티유 감옥을 함락했을 때 포부르 생 앙투안 가의 주민들이 가장 적극적으로 참여했던 이유는 지리적으로 가깝기 때문만이 아니었다. 오랜 혁명 기간 동안 이 길에서는 크고 작은 시위가 그치지 않았는데 길의 너비가 바스티유 광장으로 갈수록 좁아져 바리케이드 설치가 용이하다는 장점이 있었다. 레베이용 제지공장과 가까웠던 포부르 생 앙투안 가의 184번지에는 우물터가 지금도 남아 있다. 사건 당시 시민과 노동자들이 분노를 터트리기 위해 집결했던 곳이다. '공화국' 프랑스의 탯줄과도 같은 길이다.

■ 파리의 길 ■

도로 연장 : 1700km　　　　　가장 짧은 길 : 데그레 가(5.75m)
도로 면적 : 26.5㎢(도시 면적의 4분의 1)　　가장 넓은 길 : 포슈 대로(120m)
도로 개수 : 6003개　　　　　가장 좁은 길 : 샤 키 페슈 가(1.80m)
가장 긴 길 : 보지라르 가(4.36km)　　(자료=파리 시청)

07

아무리 봐도 싫증이 나지 않는

파리와 센강

센강은 운이 좋아 / 걱정이 없지
밤이고 낮이고 / 유유하게 흐르네……
꿈처럼 / 파리의 비밀스러움과
가난한 사람들을 관통해 / 바다에 이르지.
－자크 프레베르, 〈센강의 노래〉

파리를 처음 방문하는 한국인들, 그중에서도 서울 사람들 가운데는 센강이 보이는 파리 시내에 들어서며 실망을 드러내는 경우가 있다. 한 나라의 수도를 가로지르는 강이라면 한강 정도를 떠올렸을 텐데, 길게는 2킬로미터에 육박하는 한강을 보다 길어봐야 폭 300미터에 불과한 센강을 만나면 그런 반응이 나오는 것도 무리는 아니다. 그러나 파리라는 도시의 분위기에는 딱 이정도 강이면 족하다는 것을 여행자들은 이내 깨닫게 된다.

규모가 아담한 만큼 센강은 시민들의 삶과 밀접하다. 지금은 관광용 유람선, 주거용 소형 선박, 상업용 대형 선박 등이 이

센강의 인도교인 퐁데자르 다리. 빽빽한 자물쇠 난간 뒤로 퐁뇌프 다리가 보인다.

따금씩 지나다니고, 둑에는 산책하는 시민과 관광객들이 있어서 강이 그저 도시를 채워주는 소품인 것처럼 보인다. 하지만 나폴레옹 3세의 도시 재정비가 이뤄지기 전인 19세기 중반까지도 시내 한복판에 온갖 종류의 선박이 드나드는 항구가 있을 정도로 북적거리는 강이었다.

현재 파리 시청 앞 광장의 옛 이름인 그레브(grève) 광장은 주로 모래와 자갈(gravier) 등을 하역하던 항구였다. 시위나 집회를 하는 시민들이 이곳에 모여서 목청을 높였다. 이러한 역사적 근거

를 토대로 현대 프랑스어에서 '그레브'라는 단어에 '파업'이라는 뜻이 담기게 됐다. 즉 '그레브 한다'는 건 '파업을 한다'는 말이다.

당시에는 파리 시내의 센강을 가로지르는 다리 위에도 건물이 들어서 사람이 살았다. 파리지앵에게 센강은 언제나 가까운 곳에 있었다. 18세기 파리가 배경인 독일 소설가 파트리크 쥐스킨트의 베스트셀러 《향수》의 한 대목이다.

"그 시절 파리에는 열세 명의 향수 제조인이 있었다. ……나머지 한 사람은 시테섬을 통해 오른쪽 강둑과 연결되는 샹주 다리

위에 살았다. 이 다리 양쪽으로는 모두 4층짜리 건물이 빽빽하게 들어서 있었기 때문에 그 다리를 걸어가는 동안에는 강이 전혀 보이지 않았고, 그래서 그 길을 걸어가노라면 지극히 정상적인, 탄탄할 뿐 아니라 아름답기도 한 길을 걷고 있다는 느낌이 들었다."

그러나 18세기 후반 프랑스 혁명을 전후하여 미관과 위생 문제로 센 강변 재정비에 대한 여론이 대두되기 시작했다. 이런 흐름은 혁명 이후 가속화됐다. 흐름의 선두에 있었던 것은 1607년 초반 건설된 퐁뇌프(Pont Neuf) 다리였다. '새로운(neuf) 다리(pont)'라는 뜻의 퐁뇌프는 당시로서는 유일하고도 파격적으로 다리 위에 건물을 짓지 못하도록 했다. 대신 그 자리에 시민들이 산책을 하듯 다리를 건너다 도중에 쉴 수 있도록 반원형 석조 의자

파리에 있는 37개의 다리 중 가장 최근에 완공된 시몬느 드 보부아르 인도교. 다리 끝의 대형 건물이 국립도서관이다

를 설계했다. 다리 한가운데 위치한 광장에는 완공 당시 왕이던 앙리 4세의 기마상이 자리하고 있다. 그 다리가 '새로운 다리'라는 뜻과 정반대로 현재는 파리에서 가장 오래된 다리가 됐다.

제방사업이 본격화된 것은 루이 15세 광장(지금의 콩코드 광장)이 건설된 1753년 이후였다. 주민들의 저항에도 불구하고 1769년 국왕의 명령에 의해 다리 위의 집들이 철거됐고, 마지막으로 1811년 강의 좌안과 시테섬을 잇는 생 미셸 다리의 건물들이 사라지면서 다리 위에서 센강을 환하게 볼 수 있는 시야가 확보됐다.

센 강변 정비와 함께 식수 공급 사업이 마무리되어 시민들은 이제 수원지에서 온 물만으로도 식수를 해결할 수 있게 됐다. 여기에 산업혁명에 따른 기술 발달로 센강 양쪽을 잇는 다리 건설이 더욱 활기를 띨 수 있었다. 1870년대에만 15개의 다리가 건설 됐다. 국제박람회가 10여 년에 한 번씩 열렸던 1855~1900년 사이에 는 전보다 더 견고하고 더 화려한 다리들이 속속 선을 보였다.

금박으로 치장한 조각과 화려한 가로등이 있어 파리에서 가장 아름다운 다리로 꼽히는 알렉상드르 3세 다리는 1900년 파리 만국박람회에 맞춰 개통했다. 이 다리는 비스마르크가 주도한 독일-오스트리아-이탈리아 3국동맹에 맞설 목적으로 1891년 맺어진 프랑스-러시아 동맹을 기념하기 위해 당시 러시아 황제였던 알렉상드르 3세의 이름을 붙였다. 1896년 건설의 초석을 놓은 것은 그의 아들인 러시아의 마지막 황제 니콜라이 2세였다. 다리 우안 쪽 기둥에는 '1900년 4월 14일 프랑스 공화국 대통령 에밀 루베가 만국박람회를 개최하고, 알렉상드르 3세 다리를 개통했다'고 적혀 있다.

센강의 낭만은 보행자만을 위해 지어진 인도교에서 더 진하게 느껴진다. 대표적인 인도교로 퐁데자르를 들 수 있다. 퐁데자르에서 본 퐁뇌프 다리의 전경이 가장 아름답기 때문에 언제나 화가들이 진을 치는데 '예술의 다리'답게 화가뿐 아니라 거리 음악가 등 예술가와 젊은이들도 많다. 최근에는 연인들이 이름을 쓴 자물쇠를 다리 난간에 묶어두는 '사랑'의 장소로 더 알려졌다. 그런데 뭐든 과하면 탈이 나는 법. 연인들이 앞다투어 묶어둔 자물쇠 무게를 못 이겨 난간이 휘청거리자 지난 2015년 파리시는 안전 문제를 들어 아예 난간 자체를 철거해버렸다. 이때 철거된 자물쇠 달린 난간들은 예술작품으로 변신해 2017년 5월 경매에 부쳐졌다. 경매에 나온 총 165점의 '자물쇠 난간 작품'은 3억 원 넘는 수익을 남겼는데, 파리시는 이 금액을 시리아 난민에게 기부함으로써 다른 형태의 '사랑'을 실천했다.

퐁데자르가 19세기풍의 인도교라면, 파리 동쪽에 있는 시몬느 드 보부아르 다리는 21세기형 산책로다. 센강 다리 중 가장 최근인 2006년 완공된 것으로 미테랑 국립도서관 앞에서 출발해 우안의 베르시로 연결된다. 재개발로 새롭게 단장된 베르시 구역을 거닐던 산책자들은 시원스러운 강바람을 맞으며 이 다리를 통

센 강변의 부키니스트와 산책하는 시민들

해 국립도서관에 갈 수 있다.

센강과 오랜 역사를 함께한 동반자로 빼놓을 수 없는 것이
강변의 고서적상이다. 이들로부터 그 옛날, 다리에 온갖 상인들이
몰려 있고 항구가 활기를 띠던 시절을 상상해보는 것도 무리는 아
니다. 16세기 보부상들이 기원인데, 1649년 퐁뇌프 다리 위에서의
서적 판매행위가 전면 금지되면서 강변으로 퍼지게 됐다. 1789년
에 이들을 칭하는 단어 '부키니스트(bouquiniste)'가 사전에 등재됐
고, 1859년에는 파리시가 이들의 판매대를 규격화하고 정식으로
세금을 걷었다. 현재 200명 남짓한 부키니스트가 900여 개의 판
매대를 운영하고 있다. 느린 걸음으로 강변을 걷다 고서적상에서
한동안 이것저것 들춰보는 것도 산책자의 소일거리 중 하나다. 오
래된 책과 그림, 엽서를 들여다보노라면 시간을 잊게 된다.

센강의 지류 중 하나인 생 마르탱 운하는 파리 시내에서
만날 수 있는 강변 산책로 중 최적의 장소다. 관광객보다는 파리
지앵들이 많은 곳으로 영화에도 종종 등장하는 이른바 '핫 플레
이스' 중 하나다. 파리 북쪽의 라빌레트 지역에서 시작해 바스티
유 광장을 지나 아스날 항구에서 센강에 합류한다. 크고 작은 수
문 9개와 인도교 10여 개가 폭 7.7미터, 총 길이 4.5킬로미터 규모
의 물길에 설치돼 있어 아기자기한 맛을 준다. 운하의 양쪽엔 밑
동이 큼지막한 가로수들이 줄지어 서 있어 푸른 잎이 우거지는

계절엔 보는 이의 눈을 더욱 즐겁게 해준다.

운하는 파리의 식수 문제 해결을 위해 나폴레옹 시절이던 1802년 계획됐으나 우여곡절 끝에 완공된 것은 1825년, 즉 샤를 10세가 권좌에 있던 왕정복고 시기였다. 운하의 초입인 라빌레트 항구는 19세기 말 한때 파리 해상 운송의 상당부분을 책임지기도 했지만, 지금은 산책하는 파리지앵들에게 그 자리를 내주었

파리지앵들로부터 강변 산책로로 가장 큰 사랑을 받는 생 마르탱 운하

다. 운하의 일부 구간은 시위자와 노숙자들에게 할애되기도 한다. 2007년에는 노숙자들의 주거권 보장을 주장하는 시민단체가 텐트를 치고 농성을 벌이기도 했다. 요즘은 아프가니스탄 등 중앙아시아에서 온 난민들의 텐트도 종종 만날 수 있다.

지금 센강은 더 이상 파리지앵들의 삶에 결정적인 역할을 하지 않는다. 다리와 강변은 자동차에 그 자리를 내어준 지 오래다. 그럼에도 불구하고 센강이 도시를 부유하는 산책자들에게 끊임없이 사랑받는 이유는 강이 지니고 있는 그 유구함 때문 아닐까. "미라보 다리 아래 센강이 흐르고, 우리의 사랑도 흐른다."는 시구로 유명한 시인 기욤 아폴리네르는 손꼽히는 센강 예찬론자다. 그는 〈두 강변의 산책자〉라는 수필집에서 "센으로 내려가자. 아무리 쳐다봐도 도저히 싫증이 나지 않는 저 사랑스러운 강으로"라고 썼다. 강이 파리지앵에게만 사랑스러울 리 없다. 센강을 만나거든 물이 손에 닿을 만큼 가까운 곳까지 내려가 강을 직접 느껴보는 것도 좋을 일이다.

■ 파리의 센강 ■

연장 : 12.8km(총연장 776km)	다리 개수 : 37개(인도교 4개, 철교 2개 포함)
깊이 : 3.4~5.7m	(자료=파리 시청)
최대 폭 : 200m(그르넬 다리)	
최소 폭 : 30m(몽트벨로 강변)	

08

혁명의 열매이자 민주화의 다른 이름

파리와 박물관

> 예술은 죽음까지도 포함해야 하는 삶 그 속에 존재하고 있다. 미술
> 관은 죽음을 벗어나는 유일한 장소다.
>
> ―앙드레 말로, 《흑요석의 머리》

"박물관은 사회와 그 사회의 발전을 위해 대중에게 개방된
비영리 기관이다. 연구와 교육, 재미를 목적으로 인간 및 그 주변
의 유무형 문화재를 수집·보존·연구·전시하고 후손에 물려준다."

국제박물관협의회가 내린 박물관의 정의다. 그러나 파리
지앵에게 박물관이란 문자로 규정된 것 이상의 의미를 지닌다.
프랑스인의 수집벽은 유별나다. 할머니가 갓난아기 때 사용했던
요람을 손자에게 물려주거나, 어머니가 어렸을 때 안고 잤던 인
형이 딸의 손에 들려 있는 일은 특별할 것도 없다.

단순히 오래된 물건을 쉽게 버리지 못하는 습성만으로 박
물관이 이들에게 어떤 의미인지를 밝히려는 건 무리한 일이다.
현대에 와서는 파리 박물관들이 관광산업의 첨병으로, 흔히 말하

파리 최초의 박물관이던 뤽상부르궁. 궁은 현재 상원의사당으로 사용되고 있고, 박물관은 건물의 왼쪽 끝 일부에 들어서 있다

는 '연기 없는 굴뚝'이 됐다. 하지만 시간을 조금만 거슬러 올라
가보면 저잣거리 민초들에게 미켈란젤로 작품을 볼 수 있도록 해
준 박물관은 민주화의 다른 이름이기도 했다.

　　프랑스의 첫 박물관은 수도 파리가 아니라 프랑스 동쪽의
작은 도시 브장송에서 문을 열었다. 브장송은 칼레, 랭스, 로잔 등
과 함께 로마에서 영불해협으로 가는 길목에 위치한다. 1694년

장 누벨이 설계해 2006년에 개관한 국립 깨브랑리 박물관. 아시아, 아프리카, 오세아니아, 중남미 대륙의 유물과 예술작품을 전시하는 깨브랑리 박물관은 단숨에 연간 관람객 100만 명을 돌파했다.

가톨릭 신부 장 바티스트 브아조는 자신이 소장하고 있던 회화 11점과 조각 등 예술품 수십 점을 브장송 도심의 베네딕토 수도원에 기증하면서 일주일에 두 번 대중들이 볼 수 있도록 하라는 조건을 달았다.

파리에서 박물관이 문을 연 것은 이로부터 50년 가까운 시간이 흐른 뒤였다. 1750년 뤽상부르 박물관이 첫선을 보였다. 100

점에 가까운 회화가 뤽상부르궁의 '마리 드 메디치 갤러리'에 선시됐다. 궁의 동쪽에는 레오나르도 다빈치의 〈성가족〉을 비롯해 티치아노, 라파엘로, 렘브란트 등의 회화가 선을 보였다. 궁 서쪽에는 페테르 파울 루벤스가 그린 〈마리 드 메디치 연대기〉 시리즈가 내걸렸는데, 루벤스는 왕비의 초청으로 1621년 파리에 도착해 2년 동안 24점을 완성했다. 그중 마리 드 메디치와 그의 부모 초상화 등 3점을 제외한 21점은 왕비의 출생에서 시작해 인생의 주요 사건들을 그린 연대기였다. 그리스로마 신화에나 어울릴 법한 루벤스의 화풍에 마리 드 메디치 개인의 일생을 담았다고 이해할 수 있는 이 작품들을 보면 그녀의 야망이 결코 작지 않았음을 알 수 있다. 현재 이 연작은 루브르 박물관에 전시돼 있다.

이탈리아 메디치 가문 출신으로 루이 13세의 어머니였던 마리 드 메디치는 17세기에 뤽상부르궁을 사들여 이곳에서 섭정

을 했다. 파리의 첫 박물관에 전시됐던 명화 대부분은 이로부터 50년 뒤 루브르 박물관이 문을 열면서 그곳으로 옮겨졌다. 뤽상부르 박물관은 1780년 문을 닫았다가 30여 년이 흐른 뒤 다시 문을 열었다.

파리의 첫 박물관인 뤽상부르 박물관은 르네상스를 주도한 유명 화가들의 회화가 다수 전시되어 대중에게 공개됐다는 의미가 있지만, 대부분의 관광객이 주로 외국에서 온 왕족이나 귀족, 프랑스 상류층에 제한됐다는 한계가 있었다.

여기서 루브르 박물관의 개관연도에 주목할 필요가 있다. 루브르 박물관 역시 왕궁으로 사용되던 장소가 바뀌었다는 점에서는 뤽상부르 박물관과 다를 바가 없다. 하지만 루브르궁이 박물관으로 개관한 1793년은 1789년 시작된 대혁명이 정점에 이른 때였다. 루이 16세가 콩코드 광장 단두대에서 참수당한 것이 바로

19세기 회화와 조각이 전시되고 있는 오르세 미술관의 중앙 홀

국립 현대미술관이 들어서 있는 퐁피두 센터

1793년 초였다.

　혁명 직후인 1789년 11월 공표된 법은 "성직자는 소유자가 아니며, 그들이 가진 것 역시 공공의 것이지 개인의 소유물이 될 수 없다."고 규정했다. 그리고 1792년에 공식적으로 모든 교회와 왕가의 재산이 몰수됐다. 당시 의회는 "자유와 평등의 이름으로 폭정에 의해 조성된 기념물들이 더 이상 프랑스 국민의 눈에 남아 있는 것을 허락하지 않는다."고 했다. 왕족이 가졌던 예술품의 소유권이 국민에게로 돌아감을 천명한 것이다.

　주체할 수 없을 정도로 많았던 왕족들의 소장품과 이미 오래전부터 왕가의 거처가 베르사유로 옮겼다는 점을 감안하면 대혁명이 없었더라도 루브르가 박물관으로 바뀌었을 가능성은 있다. 뤽상부르 박물관이 문을 열었을 때 마리 드 메디치를 비롯한 왕족의 소장품은 이미 1800점에 달했다. 이후로도 왕과 그의 형제들은 경쟁적으로 회화작품을 수집했다. 뤽상부르 박물관이 문을 닫은 1780년부터 루브르궁을 박물관으로 바꾸려는 움직임이 있어왔다.

　그러나 혁명이 아닌 상황에서 루브르 박물관이 개관했다면, 뤽상부르 박물관에 비해 규모가 조금 더 클 뿐 운영상의 다른 점은 없었을 것이다. 귀족들의 우아한 놀이터에 그쳤을 가능성이 크다는 이야기다. 루브르 박물관의 첫 공식 명칭은 '공화국 예술

중앙 박물관'이었다. 혁명 세력은 1793년 그해 자연사 박물관을, 이듬해에는 기술공예 박물관을 열었고, 1798년에는 문화재 박물관 등을 개관했다. 일부 박물관은 왕정이 복고됐을 때 문을 닫았다가 한참 후에 다시 개관하는 운명을 맞기도 하지만, 박물관 역시 혁명의 큰 과실 중 하나였다는 것은 부인하지 못할 사실이다. 제3공화국이 들어선 1870년 이후 파리의 박물관 수는 다시 한 번 크게 늘었다.

왕족을 비롯한 일부 특권 계층이 누렸던 예술의 혜택을 국민 일반에게 돌리고자 했던 박물관의 설립 취지와 분위기는 오늘날 프랑스의 문화예술 정책 전반에 남아 있다. 드골 대통령은 1959년 세계에서 처음으로 '문화부'라는 정부 부처를 만들어 앙드레 말로에게 장관의 중책을 맡겼다. 문화부의 설립 취지는 프랑스 내 인류 주요 유산에 대해 최대한 많은 프랑스인들이 쉽게 다가갈 수 있도록 하고, 정신을 살찌우는 예술 창조 활동을 보조하는 것이었다. 그가 장관을 지내던 1962년 샤갈 같은 유명 화가에게 오페라하우스의 천장화를 그리도록 맡긴 것도 유명 예술가의 작품을 최대한 많은 사람들이 접하게 하려는 철학이 깔려 있었다.

문화적으로 부흥기를 맞았던 1980년대에는 미테랑 대통령에 의해 그랑 루브르, 오페라 바스티유, 국립도서관 등 굵직한 사업이 진행됐다. 자크 랑의 당시 문화부는 "모든 프랑스인들이 각자의 능력을 자유롭게 표현하고, 계발하고, 창조하고, 각자의 선택에 따른 예술 교육을 받을 수 있도록 한다"[7] 역할이 규정돼 있다. 나중에 교육부 장관까지 역임한 자크 랑은 문화와 교육에 있어서 국민 모두가 평등한 권리를 가질 수 있도록 힘썼다. 이른 바 문화·교육의 민주화다.

이 시기에 문을 연 대표적인 박물관이 오르세 미술관이다. 1900년 만국박람회에 맞춰 기차역으로 건립된 이곳은 플랫폼 길이가 너무 짧게 설계된 탓에 기차역으로서의 기능을 그리 오래 유지하지 못했다. 1939년 역이 문을 닫은 후에는 50년 가까이 방치되다시피 했다. 도중에 호텔로 사용된 적도 있고, 아예 사라질 뻔한 위기도 있었지만 1970년대 초부터 이곳을 박물관으로 바꾸자는 의견이 나왔다. 결국 미테랑 대통령의 적극적 후원 아래 1986년 미술관으로 화려하게 재탄생했다.

오르세 미술관의 전시 작품은 루브르 박물관, 쥐드폼 박물관, 퐁피두 현대미술관 등 국립미술관 소장고에 있던 1848년부터 1914년 사이 회화와 조각 등이 주를 이뤘다. '벨 에포크'를 포함하는 시기인데 인상주의 화가들의 작품이 여기에 속한다. 루브르 박물관에 비교하면 작은 규모이지만 언제나 미술관 앞은 표를 사려는 관람객으로 만원이다. 매년 300만 명에 가까운 유료 관람객이 다녀간다.

박물관 정책과 관련해 현대의 프랑스가 당면한 문제는 수도 파리와 지방 도시 간의 문화 격차다. 프랑스 내 박물관 입장객 순위에서 상위 10곳을 파리와 그 주변에서 싹쓸이하는 현상이 이같은 문제의 실상을 잘 대변해주고 있다. 최근 몇 년 새 프랑스 북부 도시 랑스에 루브르 박물관 분관이, 북동부 도시 메츠에 퐁피두 센터 분관이 각각 들어선 것은 지역 간 문화 격차 해소를 위한 노력의 일환이다. 구겐하임을 유치해 도시를 탈바꿈시킨 스페인

의 빌바오 사례에서 보듯 박물관 하나로 지방 도시를 살리는 일
이 얼마든지 가능하기 때문이다.

　　2002년 바뀐 박물관 법에 의해 프랑스 정부가 직간접적으
로 지원하고 있는 박물관은 파리에만 130곳(전국 1218곳)이 넘는
다. 정부의 지원을 받지 않는 사설 박물관을 합치면 그 수는 200
곳을 훌쩍 넘는다. 세계에서도 가장 많은 관람객이 몰려드는 루
브르 박물관부터 인형, 부채 등 주제에 따른 개인의 소장품으로

꾸민 초소형 박물관까지 성격도 각양각색이다.

　　인상주의 미술에 대해 배우는 초등학생이 선생님과 함께 마르모탕 미술관에서 모네의 〈해돋이〉를, 오르세 미술관에서 고흐의 〈자화상〉을 감상하고 현대미술을 배우며, 퐁피두 센터에서 칸딘스키의 추상화와 각종 설치작품들을 볼 수 있다는 것은 파리지앵의 특권이다. 이렇게 파리지앵의 삶에 가깝고 깊숙이 존재하는 박물관에도 대혁명의 정신인 자유와 평등이 스며있음을 지나쳐선 안 된다.

09
지친 일상을 치유하는 도시의 폐
파리와 공원

이따금 쓸데없는 건물, 인공의 동굴, 풍차 따위가 나타나곤 했는데, 수목이 몸을 비켜서면서 그것들에게 장소를 내주거나 또는 잔디가 그 푹신푹신한 자리 위에 그것들을 올려놓고 있거나 했다. 내게는 불로뉴가 단지 숲이 아니라 그 수목의 삶과 관계없는 목적 때문에 존재하고 있는 듯이 느껴졌다.

-마르셀 프루스트, 《잃어버린 시간을 찾아서》

파리에는 두 개의 폐가 있다. 제 몸의 10분의 1에 해당하는 거대한 크기의 폐 두 개가 동쪽과 서쪽 끝에 나란히 자리하고 있다. 일하기 싫어하기로 유명한 프랑스인들에게 휴식은 그 누구에게도 침범받고 싶지 않은 영역이다. 이들에게는 일을 잘 하기 위해서 잘 쉬어야 한다는 인식이 뿌리 깊게 박혀 있다. 파리 양끝에 위치한 뱅센느 숲과 불로뉴 숲이 주말마다 북적거리는 것은 파리지앵들이 커다란 자연 속에서 지친 일상을 치유하기 때문이다.

혁명, 또는 민주화는 전제군주 시대의 왕들이 누리던 것들을 시민들도 누릴 수 있게 됐다는 의미이기도 하다. 파리가 프랑

스 수도로 자리 잡기 시작한 11세기부터 파리 동쪽의 뱅센느 숲
은 왕과 그 가족의 사냥터로 사랑을 받았다. 뱅센느 숲에 성을 짓
고 본격적으로 드나든 것은 파리 성곽을 지었던 '존엄왕' 필립 오
귀스트였다.

  루이 14세가 베르사유 숲으로 사냥터를 옮긴 뒤로 뱅센느
로 향하는 왕족의 발길은 뜸해졌고, 루이 15세 때는 일반에게 공
개됐다. 프랑스 혁명 때는 군사거점으로 활용되어 지금도 '탄약
저장고(cartoucherie)' 등의 건물이 문화시설로 사용되고 있다. 경마

파리지앵들이 낚시를 즐기고
있는 뱅센느 숲의 생 망데 호수

불로뉴 숲에서 사이클을
즐기는 파리지앵

장, 동물원, 식물원 등이 있는 이 숲을 파리 시가 관리한 것은 나폴레옹 3세 치하의 1860년부터다. 이 시절에 호수를 파고 산책로를 정비하는 등 공원처럼 조성해 왕의 사냥터가 시민의 쉼터로 바뀌었다.

뱅센느 숲의 현재 크기는 9.95제곱킬로미터로 서쪽 끝의 불로뉴 숲(8.46km²)보다 큰 것은 물론 뉴욕의 센트럴 파크(3.41km²), 런던의 리치몬드 파크(9.55km²)보다도 더 넓다. 파리의 전체 면적이 105.40제곱킬로미터이므로 뱅센느 숲과 불로뉴 숲을 합한 크기는 도시 전체의 20퍼센트에 육박한다.

불로뉴 숲은 뱅센느 숲보다 더 깊은 역사를 자랑한다. 메로빙거 왕조의 다고베르 1세가 불로뉴에서 곰이나 사슴을 사냥했다는 기록이 남아 있다. 불로뉴 숲이 왕족의 사냥터로 자리 잡은 것은 필립 오귀스트가 생 드니 수도원으로부터 그 인근의 땅을 사들이면서부터였다. 필립 오귀스트 왕은 새로 산 파리 서쪽의 숲 지대에 작은 성당을 하나 짓고, 성지순례를 다녀왔던 북쪽 지방의 바닷가 마을 '불로뉴 쉬르 메르'의 지명을 따 '불로뉴'로 명명했다.

뱅센느 숲이 지난 시절 파리 중산층들의 쉼터였다면, 불로뉴에는 상류층 인사들이 주로 드나들었다. 혁명 이후 찾아온 벨 에포크에 부르주아지들이 뱃놀이를 하며 피크닉을 즐기던 장소로도 알려져 있다. 종종 이른바 잘 나가는 귀족 부인들과 이들의 재산 또는 권력을 탐하던 바람둥이들의 음탕한 만남이 이뤄지기도 했다.

그런데 뱅센느와 불로뉴는 파리 도심이 아닌 외곽에 있어서 파리지앵에게 평일이 아닌 주말 코스다. 더욱이 밤에는 슬럼화되는 취약점을 갖고 있어서 창녀나 마약판매상이 활동하는 무대이기도 하다. 파리지앵의 일상에 함께하는 녹색 공간은 오히려, 규모는 다소 작지만 주택가에 촘촘하게 위치한 수많은 동네 공원들이다. 파리 시청이 관리하는 도심 내의 크고 작은 공원은 그 수만도 450여 개에 달한다. 두 개의 대형 숲을 제외한 파리 시내 공원의 총 크기는 5.54제곱킬로미터다.

나폴레옹 3세의 제2제정은 시민에게 충분한 녹지를 제공하기 위해 동쪽과 서쪽의 뱅센느와 불로뉴와 균형을 맞추는 의미에서 남쪽과 북쪽에도 공원을 조성하기로 결정했다. 동서 양쪽의 두 숲에 비하면 면적은 작지만 매일 시민들의 발길이 닿는 곳이다. 남쪽에 들어선 것이 몽수리 공원이고, 북쪽에는 뷔트쇼몽 공원이 들어섰다. 1869년 문을 연 몽수리 공원의 한 쪽에 위치한 식당은 1889년에 생겼는데 철학자 샤르트르와 그의 연인 시몬 드 보부아르, 레닌, 트로츠키 등이 이곳의 단골손님이었다.

파리 북쪽에 있는 뷔트쇼몽 공원은 1867년 개장했다. 영국식 정원이라고 소개하고 있는데, 마치 산속 어딘가에 있는 것 같은 느낌을 받도록 커다란 바위와 호수, 절벽, 폭포, 동굴, 잔디 등이 적절하게 조화를 이루고 있다. 이 모든 장치들은 다 인공적으로 만든 것들이다. 호수 위를 지나는 65미터 길이의 철골로 된 흔들다리가 있는데, 철골 건축하면 생각나는 그 사람, 바로 귀스타브 에펠의 작품이다. 버즘나무와 개암나무, 시베리아 비술나무, 레바논 삼나무 등 19세기 말에 심은 고목을 공원 곳곳에서 찾아보는 재미가 쏠쏠하다. 플라타너스 일종인 버즘나무는 밑동의 둘레가 6미터를 웃돈다.

센 강변에 있는 파리식물원은 국립 자연사박물관의 정원 역할을 하는 공원이다. 국립 자연사박물관은 혁명 발발 직후 박물관으로 개장한 대표적인 곳 중 하나인데, 식물원은 이보다 훨씬 더 오랜 역사를 자랑한다. 외적 구조나 식물 종류의 다양성 등 공원 자체로만 보면 파리 시내 어느 곳보다 아름답지만 관광지에서 멀고 상대적으로 주민들에게도 접근성이 떨어져 과소평가된 면이 있다.

파리식물원은 16세기 왕의 약제사이자 약초 전문가인 니콜라 우엘이라는 사람이 제자들에게 강의를 하면서 조성된 장소다. 이후 자연스럽게 왕가의 건강을 위해 필요한 약초들을 키우고 연구하는 곳이 됐다. 혁명과 함께 왕의 정원은 파리식물원으로, 약초 연구소 건물은 국립 자연사박물관으로 바뀌게 됐다.

　뉴욕의 센트럴 파크나 런던의 하이든 파크에 견줄 만한 파리 도심의 대표 공원은 1612년 조성된 뤽상부르 공원이다. 파리 최초의 박물관이 조성됐던 뤽상부르궁에 딸린 공원이다. 라틴 구역과 대학가에 인접해 젊은이들이 많고, 여름 휴가철에는 수많은 관광객으로 채워진다. 아기자기한 음악회들도 수시로 열려 어린이를 둔 가족들에게도 인기가 높다.

　이곳이 흥미로운 것은 공원 곳곳에 유명인사들의 동상이 설치되어 있어서 야외 박물관에 온 듯한 느낌을 주기 때문이다. 뤽상부르궁의 안주인 역할을 했던 마리 드 메디치 등 프랑스의 여러 왕비들을 비롯해 조르주 상드, 귀스타브 플로베르, 샤를 보들레르, 폴 베를렌, 프레데릭 쇼팽, 으젠 들라크루아, 테오도르 루소 등 파리를 무대로 활동했던 예술가들의 조각상도 만날 수 있다. 조각된 인물만 유명인인 것이 아니라 로댕(스탕달)이나 부르델(베토벤) 같은 유명 조각가들의 작품도 있어서 찾아보는 재미가 쏠쏠하다.

　항상 푸르고 활기가 넘치는 뤽상부르 공원도 슬픈 역사를 갖고 있다. 대혁명 당시 궁은 교도소로 바뀌고 공원은 버려진 채로 남았다. 당통, 데물랭 등 800여 명이 이 교도소를 거쳐 갔는데, 당시 공원은 재소자들을 면회하러 온 가족에게 쉼터가 돼주었다

고 한다. 1871년 파리 코뮌으로 혼란을 겪을 때는 시민군과 정부군이 뤽상부르 공원 내에서 총격전을 벌이기도 했다. 총탄 흔적이 옛 궁전에 1930년까지 남아 있었다고 전해진다. 제2차 세계대전 때는 독일군의 제3전투 항공대 본부가 궁에 들어오면서 일반인의 공원 출입이 엄격하게 통제됐다. 독일군은 공원 지하에 벙커를 조성해 포로수용소로 활용했다.

에펠탑에서 시작돼 센강 반대편에 위치한 육군사관학교까지 뻗은 샹 드 마르스 공원도 도심 공원으로 빼놓을 수 없는 장소다. 서머타임으로 낮이 밤 10시까지 이어지는 여름에는 피크닉을 즐기는 젊은이들로 발 디딜 틈이 없을 정도다. 해질녘에는 가족 단위의 산책객들이 공원을 메우고, 여행객들은 에펠탑을 배경으로 좋은 사진을 찍기 위해 이들 사이를 이리저리 헤맨다.

      샹 드 마르스는 에펠탑이 생기기 전인 대혁명 때에도 이미 군중의 집회 장소로 빈번하게 사용됐다. 바스티유 감옥 습격 2주기를 한 달 앞둔 1791년 6월 어느 날 루이 16세 가족이 프랑스 영토 밖으로 도망하다 붙잡히는 사건이 발생했다. 7월 17일 성난 군중은 루이 16세의 폐위 청원 서명을 위해 샹 드 마르스에 모였다. 그러나 파리 시장 장 바이이는 민병대에게 그곳에 모인 수만 명의 시민을 향해 발포하도록 명령했다. 샹 드 마르스 학살 사건으로 당시 시장이던 바이이가 단두대에서 처형되고, 민병대를 이끌던 라파예트는 민심을 잃었다.

2011년 7월 14일 샹 드 마르스에서 인권단체가 개최한 콘서트에 참가한 인파들

샹 드 마르스는 에펠탑이 건축된 뒤로 잔디가 깔리고 공원으로 변모했다. 에펠탑을 뒤로 하고 무대를 설치해 벌이는 콘서트도 종종 열린다. 한국의 조용필쯤 되는 프랑스 국민가수 조니 할리데이는 2000년 샹 드 마르스에서 콘서트를 열어 60만 명을 끌어모았고, 2011년 혁명기념일에 열린 인권단체 SOS 라시즘의 콘서트에는 100만 명이 모였다.

도심 공원의 수가 450개에 달할 정도로 많지만, 지금도 새롭고 더 나은 녹색 공간에 대한 사업들이 진행 중이다. 휴가를 떠나거나 공원에서 쉬는 것은 철저하게 개인의 영역이다. 그러나 그렇게 할 수 있도록 보장해주는 것은 공공의 영역이다. 이런 프

매년 300만 명이 찾아 명소가 된 파리 플라주

랑스인의 철학을 극명하게 보여주는 것이 여름이면 센 강변 3.5 킬로미터에 걸쳐 조성되는 인공 해변 '파리 플라주'다.

사회당 출신으로 2001년 파리 시장에 당선된 베르트랑 들라노에는 당선 이듬해인 2002년 한창 휴가철인 7월 중순부터 8월 중순까지 한 달 동안 센 강변도로의 차량 진입을 완전 통제한 뒤 모래를 깔고 파라솔을 설치했다. 경제적 또는 시간적 이유로 바닷가에 갈 수 없는 파리지앵들을 위한 배려였다.

한 해 행사 비용이 200만 유로(약 30억 원)를 웃돌아 정치적 반대 세력으로부터 공격을 당하기도 했지만, 들라노에 시장은 사업을 접지 않았다. 시장이 바뀐 지금도 매년 300만 명이 넘는 시민들이 파리 플라주를 찾아 파리 도심의 새로운 명소가 됐다. 베를린, 브뤼셀, 부다페스트 등 유럽의 다른 도시들도 파리 플라주의 사례를 벤치마킹해 도심 해변을 운영 중이다.

10
각종 사상과 철학이 잉태된 그곳
파리와 카페

> 요즘 파리에서는 커피가 크게 유행하고 있다. ……어떤 카페에서
> 는 커피와 함께 지식을 제공하기도 하는데 그렇다고 해서 카페 이
> 용자들이 들어갈 때보다 네 배 더 지적 능력이 커져 카페 문을 나
> 간다고 보기는 어렵다.
> —샤를 드 몽테스키외,《페르시아인의 편지》

파리의 명물은 에펠탑이나 개선문 같은 거대한 건축물만
이 아니다. 도심 어디서나 쉽게 볼 수 있는 카페의 테라스와 거기
앉아서 책을 읽거나 커피를 들이키며 시간 가는 줄 모르고 수다
를 떠는 파리지앵의 모습 자체가 이곳이 파리임을 말해준다.

프랑스어 '카페(café)'는 커피라는 뜻과 함께 커피숍의 의
미도 지닌다. 각 나라마다 커피를 부르는 단어는 다르더라도, 장
소의 의미를 지닌 '카페'는 거의 만국 공통어다. 카페라는 공간이
처음으로 선보인 곳은 프랑스가 아니었다. 커피의 원산지 역시
프랑스일 리가 없다. 그럼에도 불구하고 파리의 카페가 특별한

것은 300년 남짓한 기간 동안 파리의 카페를 거쳐 간 이들과 그들의 수많은 자취 때문일 것이다. 조금 과장하자면 프랑스 혁명의 이론적 토대가 된 계몽사상이 꿈틀거린 곳도 카페였다. 대혁명의 불씨가 당겨진 곳도 파리의 카페였고, 현대인의 책장을 채우고 있는 숱한 고전들이 탄생한 곳도 바로 이곳 카페였다.

여명기

프랑스에 커피가 처음으로 소개된 것은 1640년대였다. 오스만투르크 제국의 술탄 메흐메드 4세의 대사가 루이 14세에게 커피를 진상했다. 터키 하인들이 고급스러운 일본 자기에 담아 바치는 커피는 상류층 부인들 사이에 새로운 유행을 만들었다. 그러나 당시까지도 커피는 일부 귀족들의 전유물이었다.

그로부터 30년쯤 후에 파리 시내 생제르맹 구역에 대중들을 위한 카페가 선을 보였다. 주로 콘스탄티노플 출신 터키인이나 주변국 사람들이 카페를 운영했는데 성공을 거둔 카페가 나온 것은 그 후로도 10년쯤이 더 흐른 1686년이었다. 유럽에서 커피를 가장 먼저 받아들인 이탈리아 출신 이민자가 연 카페 '르 프로코프'는 커피 외에 샤베트 아이스크림, 음료수, 다과류 등을 함께 팔았다. 그날의 뉴스를 카페 벽에 게시한 것은 분명 전에 없던 콘셉트였다.

1686년에 개장해 300년 넘게 같은 자리를 지키고 있는 파리에서 가장 오래된 카페 르 프로코프

　　놀랍게도 이 카페는 현재까지 영업 중, 아니 성업 중이다.
르 프로코프를 거쳐 간 손님들은 볼테르, 루소, 디드로, 벤저민 프
랭클린, 토머스 제퍼슨 등으로 면면이 매우 화려하다. 계몽주의
사상가들의 아지트였다. 루소는 자신의 저서《고백록》에 이 카페
에서 만난 볼테르에 대해 글을 남겼다. "볼테르는 폭군과 싸우듯
치열하게 사고하려고 항상 깨어 있기 위해 하루 40잔의 커피를
마시는 걸로 유명하다." 디드로와 달랑베르는 르 프로코프에서
백과사전을 저술했고, 프랭클린은 미국 독립을 위해 루이 16세와
맺은 파리조약 협정문의 기초를 이곳에서 다졌다.

《프랑스의 역사》를 쓴 역사가 쥘 미슐레는 자신의 책에 르 프로코프에 대해 다음과 같이 적었다. "매우 사색적이고 검소한 음료(뷔퐁과 디드로, 루소가 즐겨 마셨던), 커피는 따뜻한 영혼에 열기를 더해준다. 또 르 프로코프의 소굴에 모여든 예언자들의 날카로운 통찰력에는 빛을 더해준다."

계몽주의자들이 지나간 그 르 프로코프에 당통과 마라 같은 대혁명의 주인공들이 드나들었고, 혁명 세력이 지나간 뒤에는 뮈세와 고티에, 조르주 상드, 위고, 발자크 등 작가들이 자리를 잡았다. 지금의 르 프로코프는 현대인들이 흔히 떠올리는 길거리 카페라기보다 고급 레스토랑을 연상시킨다. 어쨌든 파리에서 가장 오래된 카페라는 이름값만으로도 걷는 이들의 발길을 멈추게 한다.

절정기

계몽주의 사상가 선배들이 그랬듯이 글깨나 쓰고 말깨나 한다는 인사들은 혁명의 언저리에도 여전히 파리의 카페를 드나들었다. 혁명 전 1800개 정도였던 파리 시내 카페 수는 1807년 4000개에 달하는 것으로 집계됐다. 이 숫자에는 단순히 음료를 파는 카페뿐 아니라 콘서트를 하고 춤을 출 수 있는 곳까지 포함된 것이다. 그렇지만 여전히 주류는 모여서 작당을 하고 토론을 벌이는 장소로서의 카페였다.

매주 일요일 오전에 철학 토론이 열리는 바스티유 광장의 카페 데 파르

바스티유 감옥 습격을 하루 앞둔 1789년 7월 13일 혁명가 카미유 데물랭은 루브르궁 인근 팔레 루아얄의 카페 드 푸아의 탁자 위에 비장한 각오로 올라섰다. 한 손에 장도를, 다른 한 손에 권총을 쥐고 그곳에 모인 부르주아지 친구들에게 무기를 들어 혁명에 동참할 것을 호소했다. 그는 뜻을 함께하는 이들에게 나뭇잎을 나눠주고 거사 시의 비표로 삼았다.

대혁명을 다룬 빅토르 위고의 마지막 소설 《93년》에는 한 카페에서의 은밀한 모임이 묘사되어 있다. 소설 속에서 1792년 국민공회는 국외로 도주하려다 잡힌 왕의 처형 문제로 갈등을 빚고 있었다. "파옹 가의 한 카페에는 비밀스러운 방이 있었다. ……
1792년 10월 23일 저 유명한 몽타뉴파와 지롱드파의 만남이었
다." 당통과 마라, 로베스피에르는 결국 뜻을 모았고, 두 달 후 루
이 16세는 단두대에서 처형됐다.

극심한 혼란기를 지난 파리의 카페들은 작가와 예술가들
에게 자리를 내주었다. '파리의 시인' 보들레르의 카페 사랑은 잘
알려져 있다. 그는 어머니에게 보낸 편지에서 "때로는 글 쓸 장소
를 찾아 아예 집 밖으로 나가기도 하죠. 도서관에 가거나 오늘처
럼 카페에 가기도 합니다."라고 썼다. 보들레르는 당시 파리에서
가장 대중적인 장소 중 하나였던 우안의 그랑 불르바르 대로의
카페들을 자주 들락거렸다. 그가 당시 유행이던 댄디즘의 상징적
인물이었다는 점을 감안하면, 댄디즘의 기본이 카페였음을 짐작
할 수 있다.

생제르맹 데프레 구역의 카페 드 플로르와 그 옆에 나란히
위치한 레 되 마고에는 앙드레 브르통과 그의 초현실주의자 친구
들이 드나들었는데, 경쟁 관계의 두 카페는 다다이즘의 탄생지가
서로 자기네라고 주장하는 촌극을 벌이기도 했다. 혁명 시기에
보여줬던 은밀하고도 진중한 카페의 역할은 혁명이 한 세기도 넘
게 지난 제2차 세계대전 당시 레지스탕스 활동을 했던 지식인들
에 의해 재연된다.

팔레 루아얄의 한 카페. 혁명가 데물랭은 여기 어딘가의 카페에서 동지들에게 무기를 들고 혁명에 나서자고 부르짖었다

사르트르는 연인 보부아르와 그야말로 하루종일 생제르맹 데프레의 카페에서 살았다. 그는 "아침 9시부터 정오까지 글을 쓰고, 점심 후 2시부터 저녁 8시까지는 친구들과 대화를 나눈다. 저녁을 먹은 뒤에는 우리를 만나러 오는 사람들을 맞이한다. 조금 이상하게 들릴지 모르지만 여기 카페 드 플로르가 바로 우리집이다."라고 썼다. 파리시는 2000년 카페 레 되 마고 앞의 조

그만 공간을 광장으로 지정하고 '장 폴 사르트르와 시몬 드 보부아르 광장'이라는 이름을 붙였다. 얼마나 이곳을 제집처럼 드나들었으면 카페 단골의 이름을 광장에다 붙일까 하는 생각이 들 때면 '카페가 우리집'이라고 한 사르트르의 말이 허언은 아니었음을 깨닫게 된다. 유명인사의 생가가 있었던 길에 그의 이름을 붙이는 건 흔한 일이다.

쇠퇴기

한 신문 보도에 따르면, 2010년을 전후해 한 해 동안 파리를 포함한 수도권 지역에서 문을 닫은 카페 수가 2000곳에 달한 적도 있었다고 한다. 1960년 20만 곳이던 카페가 2010년 3만6900곳으로 최저점을 찍었고 이후 수치가 다소 올라갔다. 약 50년 동안 카페 수가 5분의 1 수준으로 떨어진 것이다. 2008년에는 실내 흡연을 금지하는 법이 시행되면서 카페로 향하는 파리지앵의 발걸음이 더욱 줄었다. 동네 사람들끼리 바에 서서 커피를 마시고 담배를 피우며 세상 사는 이야기를 나누던 장면은 이제 옛날이야기가 돼버렸다.

카페에 한가롭게 앉아 고담준론을 나누기에는 세상이 너무 빠르게 변하고 있다는 것을 보여주는 수치일지도 모른다. 역설적인 것은 미국식 소비문화를 대변하는 카페 체인점 스타벅스

매장은 파리 시내 곳곳에서 그 숫자를 늘려가고 있다는 사실이다. 스타벅스가 파리 시내의 전통 카페들로부터 앗아간 것은 단순히 손님들의 발길만이 아니다. 책을 읽거나 글을 쓰고, 노트북을 편 채 공부를 하거나 일을 하던 파리지앵의 카페 이용법마저도 스타벅스가 고스란히 이어받았다. 이래저래 파리의 카페들은 위기에 봉착했다.

옛 영화를 누리던 파리의 카페들은 몇십 년 전부터 작가들에게 문학상을 시상하는 등 가까스로 도도함을 지탱하는 듯하지만 이마저도 그들만의 잔치에 불과하다. 계몽주의 사상가와 혁명가, 작가들의 자리는 관광객이나 산책객들에게 내준 지 오래고, 몇몇 카페들이 매주 철학 강의 및 토론을 열며 지적 공간으로서의 명맥을 간신히 유지하고 있다. 그럼에도 카페가 예나 지금이나 파리지앵들이 매우 사랑하는 공간이라는 사실은 변함이 없다. 덧붙이자면, 스치듯 지나가며 카페와 그 안의 파리지앵들을 바라보는 것과 카페 테라스에 앉아 지나가는 파리지앵과 그들이 포함된 파리 풍경을 바라보는 것은 확실히 차이가 크다는 사실 역시 변함이 없다.

11

대혁명에서도 무사할 수 있었던

파리와 도서관

숨어버린 진실처럼 불가사의하고, 조여오는 거짓처럼 위선적인 도서관은 자기 스스로를 방어하고 있었다. 정신세계의 이 미로는 현실세계에서 역시 미로였다. 당신은 그곳으로 들어갈 수 있으되 다시는 나오지 못하게 되리라.

—움베르토 에코,《장미의 이름》

18세기 후반 프랑스에서 대혁명이 일어난 것은 군중이 단순히 화가 나서도, 배가 고파서도 아니었다. 18세기 초부터 꿈틀거리던 계몽주의가 없었다면 성난 군중의 소요나 폭동은 일어났을지언정 "인간은 평등하게 태어나 동등한 권리를 지닌다."는 주장을 하기는 어려웠을 것이다. 수백 년 동안 왕의 권력은 신이 내린 것이라고 믿었던 이들의 세계관을 폐기처분해버린 '인권선언'의 혁명 정신은 바로 계몽주의에 빚을 지고 있다.

프랑스 계몽주의 시대를 대표할 가장 상징적인 사건 중 하나로 백과사전을 꼽는다. 절대왕정이 백과사전 편찬을 탐탁하게

마자랭 도서관이 있는 프랑스 학술원

여기지 않았던 것은 드니 디드로 같은 계몽주의 지식인들의 사상
과 행위가 신의 영역을 넘보는 것이라고 판단했기 때문이다. 20년
넘게 백과사전 편집에 몰두한 디드로는 도중에 옥살이를 하고, 법
원의 발행금지 명령을 받는 등 우여곡절을 겪지만 끝내 28권을 완

성해낸다. 권력과 갈등을 겪었던 이유는 합리주의를 바탕에 둔 유물론적 관점이 저술의 전반에 깔려 있었기 때문이다.

인간의 지적 욕구를 끝까지 파고들어가 구현한 사례라는 점에서 백과사전은 도서관이라는 장소와 비슷한 맥락에 있다. 책을 한 군데에 모아두고 누구든지 와서 볼 수 있도록 한다는 것, 우리가 흔히 알고 있는 도서관은 그 개념만으로도 꽤 혁명적이다. '아는 것이 힘이다'라는 진부한 격언을 들먹일 것도 없이 인간이 무리를 이루고 살기 시작하면서부터 지금까지 줄곧 지식은 곧 권력이었다. 사냥을 잘 하는 사람과 목이 좋은 사냥 장소를 잘 아는 사람 중 누구에게 권력이 쏠렸을 것인지를 상상하는 일은 그리 어렵지 않다.

혁명의 기운이 짙던 18세기 후반 이미 파리에는 100여 곳의 도서관이 있었다. 그러나 대부분 주교가 설립해 운영하던 곳이나 수도원 부속 도서관 등 가톨릭교회에 소속된 곳들이었다. 중세 수도원 도서관의 분위기는 움베르토 에코의 소설《장미의 이름》에 상세하게 나타나 있다. 에코가 서문에서 밝힌 것처럼 14세기 한 수도원에서 발간된 고문서를 어렵사리 찾아낸 곳이 바로 파리 좌안의 생트 쥬느비에브 도서관이다. 생트 쥬느비에브 수도원 부속 도서관이던 이곳은 혁명 이듬해인 1790년 국가에 귀속됐고, 68혁명 직후인 1970년 파리 대학들이 대대적으로 개편되면서 인근에 위치하고 있는 파리 1, 2, 3, 4, 7대학의 도서관이 됐다. 19세기 중반에는 건축가 앙리 라부르스트에 의해 지금의 모습을 갖췄다. 수도원이 생긴 것은 6세기이고, 문헌에 따르면 12세기부터 도서관이 존재했다고 알려진다. 보수적으로 잡더라도 도서관이 생긴 지 900년 정도 됐다는 이야기인데, 건물을 드나드는 대학생들을 마주칠 때면 저곳을 지나간 지식인들이 얼마나 많을까 하는 생각에 아득해진다. 《라루스 백과사전》으로 유명한 피에르 라루스는 1867년 "이 도서관의 이용자는 하루 1000에서 1100명이나 된다."라고 썼다.

일찌감치 루이 15세가 집권하던 때 공공도서관으로 문을 연 곳이 있다. 앙투안 모리오라는 법관이 사망하면서 자신의 소장 서적을 시에 기증하고 도서관으로 운영할 것을 제안하면서 이뤄졌다. 파리 최초의 시립도서관인데, 그가 시에 넘긴 자료는 서적 1만4000권, 육필원고 2000장, 도판과 지도 등 파리 관련 자료 2만 건 등에 달한다. 앙투안 모리오가 책을 보관하던 그 건물이 도서관으로 개장한 것은 그가 사망한 지 4년 후인 1763년이었다. 그러나 10여 년 후 이 건물은 개인에게 팔려 19세기 내내 아파트로 사용됐다. 《마지막 수업》의 저자 알퐁스 도데가 한때 이 건물에서 살기도 했다. 20세기가 돼서야 파리 시청이 이 건물을 매입해 1969년 다시 파리 역사도서관으로 개관했다. 기릴 가치가 있다고 판단되는 역사적인 장소에 대해서는 집요하다고 느껴질 정도로, 어떻게 해서든 복원을 해내는 파리 사람들의 태도를 보며 대단함을 넘어 숙연함마저 느끼게 된다. 유명인이 살았던 생가들의 경우도 몇몇 예외를 빼면 짧게는 수십 년에서 길게는 수백 년 동안 다른 용도로 사용돼 오다 현대에 와서 박물관으로 조성된 경우가 많다.

　　파리의 오래된 도서관 중 규모나 권위에서 프랑스 학술원 부속 도서관으로 운영되고 있는 마자랭 도서관의 존재는 독보적이다. 도서관 이름이 말해주듯 어린 루이 14세의 재상이던 쥘 마자랭 추기경이 설립했다. 아르망 리슐리외의 권유로 파리에 정착해 그의 뒤를 이어 프랑스 왕국 재상이 된 마자랭은 로마에 이미 하나 가지고 있던 자신의 도서관을 파리에도 만들기로 결심한다.

　　도서관 이름은 마자랭이지만, 속을 채우고 살림을 꾸린 것은 가브리엘 노데라는 인물이었다. 노데는 의학 공부를 하고 의사 자격증을 따기도 했으나 도서관 사서 일에 더 흥미를 가졌다. 로마에서 한 추기경의 개인 사서로 일을 하다가 파리로 돌아와 마자랭을 만나게 된 노데는 도서관이 문을 연 1643년 이듬해부터 1647년까지 플랑드르, 이탈리아, 독일, 영국을 돌며 책을 사들였다. 각종 희귀본과 고문서를 마구잡이로 사들여 '책 사냥꾼'이라는 별명을 얻기도 했는데 이때 손에 쥔 장서 중에는 1455년 인쇄된《쿠텐베르크 성경》도 있었다. 당시 모인 장서는 4만 권에 달해 유럽 최대 규모였다.

　　노데는 1627년에 이미《도서관 설립을 위한 제언》이라는 책을 펴냈을 정도로 도서관 설립과 운영에 전문성을 드러냈다. 그는 도서관 설립에 관심을 쏟아야 할 이유가 무엇인지, 장서는 얼마나 있어야 하는 것인지, 책 표지는 어떻게 관리해야 하는지, 어떻게 진열하는 게 좋을지 등 도서관의 설립 목적에서 세부 관리 지침까지 꼼꼼하게 이 책에 적어두고 있다. 마자랭 도서관은 노데의 설득으로 개장 때부터 '연구 목적을 가진 모든 이에게' 열

건축가 앙리 라부르스트가 설계한 리슐리외 도서관 열람실. 왕립도서관으로 출발한 곳이어서 장서가 압도적으로 많다

려 있었고, 그 취지에 맞게 개가식 서가로 꾸며지는 등 현대 도서관의 원형이 되었다.

당시의 도서관이 대부분 감당할 수 없이 많은 양의 책을 잘 보관하기 위한 용도였고 대중에 개방을 하더라도 도난 방지용 쇠사슬까지 동원했던 현실을 감안하면 혁신적 시도인 셈이다. 이런 점을 근거로 가브리엘 노데를 근대 도서관학의 시조로 보는 견해도 있다. 노데가 도서관에 쏟은 헌신을 인정한 후세는 열람실에 그의 이름을 바쳐서 기리고 있다. 마자랭 도서관이 앙시앙 레짐 시대 귀족의 유산이었지만 혁명기에도 살아남을 수 있었던 것은 일찍부터 시민에게 개방된 장소였기 때문이다. 지금도 프랑스 학술원이라는 곳이 워낙 일반 대중을 상대로 학문을 전파하는, 평생교육의 기능을 갖고 있어서인지 그 안에 있는 마자랭 도서관에는 유난히 나이 든 파리지앵이 자주 눈에 띈다. 그리고 눈이 휘둥그레질 정도로 고색창연한 열람실의 인테리어에는 파릇파릇한 젊은이보다 희끗희끗한 그들의 은발이 더 잘 어울리는 것도 사실이다.

마자랭의 스승 격인 리슐리외의 이름이 붙었지만 리슐리외 도서관은 마자랭 도서관보다 한참 늦은 18세기 초반에 현재의 자리에 조성됐다. 다만 왕립도서관이어서 장서의 양과 질이 압도적이다. 공식적으로 왕의 서가를 따로 관리했던 것은 14세기 샤를 5세 때부터여서 이 시기를 왕립도서관의 시작으로 본다.

리슐리외 도서관은 19세기 중반에 대공사를 통해 지금의 모습을 갖췄는데, 생트 쥬느비에브 도서관을 건축했던 앙리 라부르스트가 맡았다. 종종 세계 5대 도서관으로 소개되면서 사진 속에 등장하는 우아한 돔형 천장의 타원형 열람실이 바로 라부르스트의 역작이다. 철골 구조를 사용한 것이 특이한 점이다. 에펠탑이 1889년 완공되었다는 점을 감안하면 당시 건축의 유행을 이 도서관에 적용한 것으로 봐야 할 것이다. 철골 구조에 둘러싸여 책을 읽는 사람들을 보면 다소 추운 느낌이 드는데 그 싸늘한 분

중세시대 왕이 소유했던 책을 포함해 4000만 권의 장서가 보관되어 있는 프랑스 국립도서관의 본관 격인 미테랑 도서관

위기가 집중하는 데는 도움이 될 것 같기도 하다.

리슐리외 도서관이 한국인들에게 특별한 이유는 여기에 《직지심체요절直指心體要節》이 보관되어 있기 때문이다. 《직지심체요절》 외에도 1000권이 넘는 한국 고문서가 있는 것으로 알려진다. 리슐리외 도서관은 국립도서관의 분원 격인데, 1995년 개장한 미테랑 도서관이 본원이다. 파리 구도심에서 동쪽으로 약간 벗어난 센 강변 좌안에 뜬금없이 우뚝 솟은 건물 네 개가 바로 그곳이다. 건물은 책을 반 정도 펼친 것 같은 ㄱ자 모양인데 건물 사이에 위치한 공원으로 가는 길에는 유난히 바람이 세게 분다. 바람이 부는 것은 강의 위치나 건물 높이 등 지형 때문이겠지만 그로 인해 도서관으로 향하는 사람들의 발걸음이 한결 빨라지기도 한다. 미테랑 도서관은 그 안에서 길을 잃는다 해도 어색하지 않을 정도로 큰 규모를 자랑한다. 문화적으로는 그 누구에게도 뒤지고 싶지 않다는 프랑스인들의 자존심이 묻어나는 곳이다.

바스티유 광장에서 멀지 않은 아스날 도서관도 국립도서관에 속한다. '아스날(Arsenal)'은 '무기고' 또는 '병기창' 등의 뜻인데 이 이름이 도서관에 붙었다는 게 뭔가 사연이 있을 것만 같다. 없는 사연도 만들어내는 게 프랑스인들의 역사를 대하는 방식이기도 하다. 우리가 흔히 말하는 문화강국의 힘이란 어쩌면 풍부한 스토리텔링에서 나오는 건 아닌지 생각해볼 일이다.

무기고 책임자의 관사 건물이 도서관으로 바뀐 아스날 도서관의 열람실

아스날 도서관의 내부 열람실은 파리 시내 다른 도서관 못지않게 멋스러움이 넘쳐흐르지만, 외관은 개성이 별로 없다. 이 자리에 무기고가 들어선 것은 16세기 루이 12세 때로 수도 파리를 지키는 모든 무기들이 집결돼 있었다. 나중에 베르사유 궁전 건축이 한창일 때는 베르사유 정원에 들어갈 조각상을 위한 주물 공장 역할도 했다. 지금의 아스날 도서관 건물은 무기고를 관장하는 포병대 책임자의 관사였다.

이곳에 책이 쌓이기 시작한 것은 18세기 중반의 일로, 포병대에 새로 부임한 아르장송 후작이 엄청난 양의 책을 소장하고 있었기 때문이다. 그는 다른 귀족들의 책을 사들이며 장서를 늘려갔는데, 혁명이 일어나기 몇 년 전 루이 16세의 막내동생이자 나중에 샤를 10세기 되는 아르투아 공자에게 장서를 팔아넘긴다. 아르장송 후작의 입장에서는 자신의 장서들이 제2의 왕립도서관에 놓여 시민들에게 개방될 수도 있을 것으로 생각했다.

그런데 몇 년 후 혁명이 일어났다. 아스날 도서관은 공교롭게도 바스티유 감옥에서 도보로 5분 거리에 위치하고 있어서 감옥을 함락한 성난 민중이 도서관까지 들이닥쳤다. 사서는 사태의 심각성을 깨닫고 도서관을 지키던 스위스 경비병의 옷을 왕의 친위대 제복으로 갈아 입혔다. 민중은 왕이 사용하는 건물이라고 생각해 발길을 돌렸고 덕분에 혁명의 불길을 피해갈 수 있었다. 감옥을 부술 정도로 성난 시민들도 혁명 초기에는 왕에 대한 경외심을 간직하고 있었던 모양이다.

이후 바스티유 감옥의 수많은 문서들과 파리 내 수도원의 책들이 서고에 들어오면서 규모가 커졌다. 혁명이 일어난 지 8년 후인 1797년 정식으로 도서관 이름을 내걸고 대중에게 문을 열었다. 1880년대 이전 책이 15만 권에 달해 16~19세기 프랑스 문학을 대표하는 도서관으로 손색이 없는 이곳은 미테랑 도서관 개장에 즈음해 국립도서관이 됐다. 화려한 겉모습만큼이나 이야기도 풍부한 파리의 오래된 도서관들을 둘러보며 파리지앵이 기록과 문서를, 책을 대하는 방식을 가늠해볼 수 있다.

12
인간답게 묻힐 권리에 대하여
파리와 공동묘지

나는 이 공동묘지가 다른 장소들 같지 않다는 사실을 곧바로 알아 챘다. 벌써 정문의 반달형 아치가 다른 세계로 인도한다. 녹색 천 국으로 이끄는 완만한 경사와 호화로운 묘지의 인조석 장식. 그들 만의 궁전과 누옥이 있고, 환상적인 연대기와 끔찍한 비천함이 공 존하는 여기는 진정 다른 이들은 없는, 죽은 자들의 도시였다.

-앙투안 블롱댕, 《방랑하는 기질》

추석이나 설 같은 명절에 온 가족이 모여 조상의 묘소를 찾는 것은 우리나라만의 전통이 아니다. 가톨릭 국가의 관습이 아직도 생활 전반에 남아 있는 프랑스인들에게도 성묘하는 기념 일이 있다. '모든 성인의 날'로 불리는 11월 1일과 '죽은 자의 날' 인 11월 2일이면, 프랑스인들은 소박한 꽃다발을 들고 동네 성당 옆에 모셔진 조상의 묘소를 찾는다.

이 두 기념일이 아니더라도 조상이 사망한 날 또는 그를 기리기 위한 특별한 날 등에 종종 묘지를 찾는다. 묘지가 주로 동네 성당 옆에 조성되어 사는 곳과 멀지 않기에 가능한 일이다. 프랑스 시골 마을에서는 아직도 성당 옆 묘지와 그곳을 찾는 사람들의 모습을 어렵지 않게 목격할 수 있다. 그러나 파리 같은 대도시에는 묘지를 동반한 성당이 사라지고 없다. 대신 공원으로 조성된 대규모 묘지들이 도시 곳곳에 들어섰다. 대혁명을 전후로 파리에 생긴 큰 변화 중 하나다.

파리 시내에 종교기관과 연관이 없는 대형 공동묘지가 생긴 시기에 주목해보자. 파리의 3대 공동묘지인 페르 라셰즈(1804), 몽파르나스(1824), 몽마르트르(1825)는 모두 대혁명이 시작되고 얼마 지나지 않아 파리 외곽에 조성됐다. 대혁명 이전 파리 시내의 가톨릭 기관은 성당, 수도원 등 300곳이 넘었다. 혁명과 함께 수많은 종교시설이 파괴됐고, 이와 함께 묘지들도 사라졌다. 물론 시내 공동묘지가 안고 있는 심각한 위생상 문제도 새 묘지 조성의 원인으로 작용했다.

파리 시내 동쪽에 위치한 45만 평방미터 규모의 페르 라셰즈는 세계 최초의 공원식 묘지로, 7000개의 묘에 100만 구의 시신이 안치돼 있다. 대혁명 직후 집정 정부 시절의 나폴레옹이 "모든 시민은 인종과 종교에 관계없이 묻힐 권리가 있다."고 선언하면서 처음으로 조성된 곳이 페르 라셰즈 묘지다. 이교도와 무신론자, 광대, 빈자 등 당시의 소외계층들이 죽어서도 땅 속에 고이 묻히지 못하는 현실을 바꿔보고자 한 것이다.

그러나 파리지앵들은 페르 라셰즈를 선호하지 않았다. 성당 곁에 있는 것도 아니고, 묘지의 위치도 하층민들이 주로 사는 동네였기 때문이다. 대부분은 파리 시내의 성당 곁이 아니라면 아예 파리를 벗어난 지방의 고향 마을에 묻히길 원했다. 페르 라셰즈 공동묘지의 첫 안장자는 인근 생 앙투안 거리에 살던 종지기의 다섯 살 난 딸이었는데, 묘지가 조성된 첫해 묘의 수는 13개에 불과했다. 다음해 44개, 그 다음해 49개 등으로 좀처럼 파리지앵들의 관심을 끌지 못하자 파리시 측에서는 묘안을 냈다. 12세기 '중세 최대 스캔들'의 주인공이었던 엘로이즈와 아벨라르의 시신을 안장한 것이다. 또 대문호 몰리에르와 장 드 라퐁텐의 시신도 유치(?)했다.

파리시의 이런 눈물 나는 노력이 통했는지 1830년 페르 라셰즈에 안장된 묘의 숫자는 3만 개를 넘어섰다. 1850년까지 다섯 차례 확장을 통해 조성 초기 17만 평방미터였던 면적이 현재의 수준으로 커졌다. 공동묘지 내에 있는 나무만 해도 5000그루를 넘어 시민을 위한 공원 역할로도 손색이 없다.

한 해 수십만 명에 달하는 입장객들은 묘지 안내지도를 들고 발자크, 쇼팽, 짐 모리슨, 이브 몽탕, 에디트 피아프, 오스카 와일드, 기욤 아폴리네르 등 파리를 빛낸 수많은 예술가들 사이를 산책하며 이들을 기억한다.

페르 라셰즈와 비슷한 시기에 생긴 파리 남쪽의 몽파르나스 공동묘지에는 보들레르, 이오네스코, 모파상, 드레퓌스, 생트-뵈브 등이, 북쪽의 몽마르트르 공동묘지에는 드가, 고티에, 공쿠르 형제, 스탕달, 에밀 졸라 등이 묻혀 있다.

혁명 기간 무능한 정부에 대항해 시민들이 세운 자치 정부, 파리 코뮌의 마침표를 찍은 곳이 바로 페르 라셰즈였다. 프랑스-프로이센 전쟁 패배 이후 성난 민중은 스스로 인민의회를 설치하고 70일가량 파리를 자치적으로 통치했다. 이른바 파리 코뮌의 시작이었다. 오스트리아, 독일 등 다른 나라 군대의 도움

프랑스 왕가 사람들이 안장되어 있는 생드니 성당의 내부

까지 받은 정부군에 밀려 시민군이 다다른 곳은 낮은 언덕이 있어 방어에 용이했던 페르 라셰즈 공동묘지였다. 이곳에서 생포된 147명의 시민군은 묘지 벽 앞에서 총살을 당하고 그 자리에 묻혔

세계 최초의 공원식 묘지 페르 라셰즈의 동쪽 구석에 있는 '코뮌 전사자의 벽' (상)
프랑스 북쪽 한 시골 성당에 접한 공동묘지. 대도시 안에 위치한 성당의 공동묘지는 위생 문제로 18세기 후반 폐쇄됐다 (하)

다. 이로서 '피의 일주일'도, 새로운 세상을 만들어보고자 했던 70일 간의 실험도 막을 내렸다. 페르 라셰즈 공동묘지의 동쪽 구석에 위치한 초라한 벽에는 "코뮌의 사망자를 위해"라고 쓰인 비석이 남겨져 있다.

파리 시내 공동묘지 중 페르 라셰즈 다음으로 큰 몽파르나스 묘지는 센강의 좌안, 파리 남쪽에 위치한다. 묘지 안에 약간 뜬금없이 솟아 있는 원통형의 석조 건물이 땅의 역사를 말해준다. 건물의 이름은 '자비의 방앗간'이다. 공동묘지로 조성되기 전 이곳은 수도원과 수도원이 운영하던 병원의 소유지로 곡식을 기르던 들판이었다. 파리시가 묘지 조성을 위해 수도원으로부터 사들였는데, 공동묘지 부지 안에 있던 방앗간을 없애지 않고 둔 것이다. 지금은 문화재로 등록돼 있다.

묘지 안에는 1870년 프랑스-프로이센 전쟁에서 희생된 군인과 1871년 '피의 일요일'에 희생된 시민군들을 기리는 기념물이 조성돼 있다. 턱을 괸 남성이 기괴한 표정으로 묘지를 내려다보는 조각은 보들레르가 안치된 곳이다. 〈키스〉 연작으로 유명한 루마니아 출신 조각가 콘스탄틴 브랑쿠시의 작품은 사랑에 힘들어하다 자살로 생을 마감한 어느 러시아 여성의 묘지에 놓여 있다. 추모객이 갖다놓은 꽃들로 넘쳐나는 묘지를 만났다면, 1960~1970년대 프랑스 젊은 여성들의 마음을 훔친 가수 세르쥬 갱스부르일 확률이 높다. 아이돌급 인기가 죽어서도 계속되고 있는 것이다. 그 자체로 예술작품이라 할 만한 조각상과 수많은 이야기들이 여기저기에 널려 있다.

북쪽의 몽마르트르 묘지는 로마시대 이래로 석고를 채취하던 채석장 자리에 들어있다. 파리 건축물에 사용된 석고는 거의 전량이 이곳에서 나온 것으로 봐도 무방하다. 그래서 "사실 파리 안에 몽마르트르가 있는 게 아니라 몽마르트르 안에 파리가 있는 것"이라는 우스개도 있다. 혁명 시기에는 음습한 이 채석장이 처형장으로 사용되기도 했다.

이 묘지에서 팡테옹으로 옮겨진 에밀 졸라 같은 인물의 묘지와 조각상도 그냥 지나치기 어렵지만, 몽마르트르에서 가장 눈

파리의 3대 공동묘지 중 하나인 몽파르나스에 있는 20세기 프랑스 가수 세르쥬 갱스부르의 묘. 이곳에는 사르트르와 보부아르, 보들레르, 모파상, 드레퓌스 등 파리를 거쳐 간 수많은 유명인들이 묻혀 있다

인간답게 묻힐 권리에 대하여 – 파리와 공동묘지

길을 끄는 곳은 입주한 지 그리 오래되지 않은 그리스 출신 샹송 가수 달리다의 묘지다. 쉰네 살의 나이로 숨져 1987년에 묻힌 달리다의 묘지에는 그녀를 똑같이 재현한 실물 크기 조각상이 설치돼 있다. 조각상 앞에는 언제나 아름다운 색의 꽃들이 끊이질 않는다. 몽마르트르 어딘가에는 그녀의 이름을 딴 광장도 있는데, 파리가 몽마르트르에 살고 몽마르트르에 묻힌 예술가를 대하는 방식이다.

　　신으로부터 권력을 받았다고 주장한 왕가 사람들의 시신은 역시나 민중의 땅이 아닌 신의 영역에 있다. 파리에서 북쪽으로 5킬로미터가량 떨어진 생드니 대성당에는 7세기 프랑스 왕인 다고베르 1세부터 마지막 전제군주 루이 18세까지 왕과 가족들이 묻혀 있다. 이 성당은 3세기 프랑스에 가톨릭을 전파한 파리의 첫 주교 생드니가 순교한 곳에 지어졌다는 상징을 지니고 있다. 로마군에 의해 순교한 생드니는 잘린 자신의 머리를 들고 몽마르트르 언덕에서 지금의 생드니까지 걸어갔다는 전설이 전해지고 있다. 노트르담 성당 문 위에 있는 여러 성인 조각상 중 머리를 두 손에 들고 있는 모습이 바로 생드니다.

　　1789년 바스티유 감옥 습격 사건으로 혁명이 완성됐다고 보는 시각이 있었다. 그러나 이미 계몽된 군중에게 의회와 왕이 양립하는 입헌군주제란 새 술을 헌 부대에 넣은 모양새였다. 1792

년 8월 10일은 프랑스 왕권이 공식적으로 사라진 날로 기억된다. 무산계급이 무장 봉기를 일으켜 루브르궁 인근 튈르리 공원을 습격하고 루이 16세와 마리 앙투아네트를 탕플 탑에 가둔 것이다.

공포정치에 접어든 이듬해 튈르리 습격 사건 1주년을 기념하던 군중들은 역대 프랑스 왕들이 잠들어 있는 생드니 대성당으로 발길을 돌렸다. 군중들은 그해 10월까지 50구가 넘는 왕족의 시체들을 파헤쳤다. 아이러니하게도, 신성을 뒤로 하고 이성의 시대를 열었던 혁명의 나라 군중들이 옛 권력자들에게 벌인

파리의 지하 묘지 카타콩브의 내부. 표지석에 '1804년 8월 24일 성 니콜라 데상 성당 묘지의 유골'이라고 적혀 있다.

복수는 부관참시라는 이성을 잃은 행동이었다.

앙리 4세의 참나무 관은 망치로 깨지고 봉인이 뜯겨져 나갔다. 관에서 나온 시체는 이틀 동안 전시됐으며, 시민들은 손톱과 수염 등을 가져갔다. 머리도 잘려진 채로 사라졌다가 19세기가 돼서야 발견되기도 했다. 여성 노동자들은 루이 13세의 어머니로 섭정을 했던 앙리 4세의 왕비 마리 드 메디치의 시체 앞에서 욕설을 퍼붓고, 머리카락을 뜯어버렸다. 강제 소환을 당한 시체들은 대부분 잘 보관돼 있었는데 이 점이 성난 민중들의 심기를 더욱 불편하게 했는지도 모를 일이다.

지상도 천상도 아닌 곳에 묻힌 이들도 있다. 파리 남쪽 당페르-로슈로 광장에 출입구를 둔 지하묘지 카타콩브는 비석은 고사하고 이름도 모르는 수많은 파리지앵들의 뼈로 빼곡하다. 18세기 말 도시가 팽창하고 사람들이 몰려들자 파리 시내 공동묘지 역시 주체할 수 없을 정도로 무질서한 상태가 돼 몸살을 앓았다. 게다가 전염병의 발원지로 지목되면서 더 이상 그대로 둘 수 없다는 결론에 도달했다. 1785년 말 공동묘지 폐쇄 결정을 내리고 이듬해부터 1788년까지 2년 동안 시체들을 지하로 옮겼다.

지하 20미터 아래에 조성된 카타콩브에는 600만~700만 구의 시체가 있는 것으로 추정된다. 방문객이 들여다볼 수 있는 구간은 2킬로미터 남짓인데, 아무렇게나 널브러진 사람의 뼈무

덤을 보기 위해 다녀가는 사람이 한해 30만 명에 달한다. 1792년 튈르리 습격 사건에서 시민군에 의해 목숨을 잃은 1000명의 스위스 병사를 비롯해 1792년에서 1794년 사이 콩코드 광장의 단두대에서 사라진 1100여 명도 이곳에 잠들었다. 혁명의 최전선에 있었던 당통, 데물랭, 로베스피에르 같은 이들도 카타콩브 어딘가에 묻혀 있는 것이다.

13
가톨릭의 맏딸이 혁명을 맞았을 때
파리와 성당

창문 밖으로 쳐다보던 너는 창피함에 사로잡혀
그 아침 성당으로 들어가 고해성사를 하지.
― 기욤 아폴리네르, 《알코올》

프랑스는 최초로 가톨릭을 국교로 정해 '로마 가톨릭교회
의 맏딸'로 불린다. 5세기 랭스 대성당에서 세례를 받은 클로비
스 왕이 공식적으로 가톨릭 국가임을 선포했고, 9세기에 샤를마
뉴 대제는 교황에 의해 왕관을 받아 '왕권신수설'의 기초를 닦았
다. 여러 차례에 걸친 십자군 원정 등 중세에 벌어진 수많은 종교
전쟁에 선도적으로 참전하면서 프랑스는 가톨릭교회가 위험에
처할 때마다 '맏딸'의 임무를 충실히 수행했다.

21세기인 지금, 파리의 동네 성당은 일요일이나 돼야 겨우
자리를 채운다. 그러나 국민의 70퍼센트 이상이 자신을 가톨릭
신자로 여기는 현상은 차라리 문화적인 이유에서 비롯된 것이라
고 보는 게 합리적이다. 파리 곳곳의 거리 이름에서 가톨릭 성인

성녀를 쉽게 찾을 수 있고, 목 좋은 곳에는 어김없이 성당이 자리 잡고 있으며, 달력에 표시된 공휴일은 크리스마스, 부활절, 만성절, 성모승천대축일 등 거의 가톨릭 기념일이다.

대혁명 전까지만 해도 출생, 결혼, 사망 등의 행정 업무를 가톨릭이 담당했을 만큼, 가톨릭은 프랑스인의 일상에 깊숙하게 관여했다. 지금도 그러한 문화는 남아 있다. 매주 일요일 성당에 가지 않는 사람도 아이가 태어나면 성당에서 세례 의식을 갖고, 결혼식은 꼭 성당에서 하려고 하며, 사망을 했을 때에도 성당에서 장례미사를 올린다. 1905년 프랑스 공화국은 공식적으로 가톨릭을 비롯한 모든 종교와의 단절을 선언했다. 국가의 종교적 중립성을 강조한 것이다. 그 이전에 세워진 성당 등 가톨릭교회의 재산들 역시 모두 국가로 귀속되었다.

사크레쾨르 성당

몽마르트르 언덕에 우뚝 서 있는 사크레쾨르 성당은 파리의 기념물 중 노트르담 대성당 다음으로 많은 관광객이 찾는 곳으로 혁명 이후에 건설됐다. 혁명 세력은 가톨릭과의 관계를 끊어버리려고 부단히 노력했지만, 나폴레옹 1세의 제1제정, 루이 18세의 왕정복고, 루이 필립의 7월 왕정, 나폴레옹 3세의 제2제정 등 혁명 발발 이후에도 공화정이 아닌 시기에는 정치와 가톨

프로이센과의 전쟁에서 패배한 이후 호국의 성격을 띠고 건축된 몽마르트르 언덕 위의 사크레쾨르 성당

릭의 밀월이 계속됐다.

특이한 점은 사크레쾨르 성당 건축이 제3공화정에서 추진됐다는 것이다. 프로이센과의 전쟁에서 처참하게 패배하고 파리 코뮌을 겪은 뒤 슬픔에 잠긴 프랑스 국민을 위로하고 사기를 진작할 목적이었다. 이전의 대성당들이 주로 왕과 왕가의 기도와 염원을 담아 지어졌다면, 사크레쾨르는 국민의 기도와 염원을 담은 점이 달랐다. 건설비용을 위한 모금 운동도 진행됐다. 항간에는 대혁명 등을 통해 프랑스 사회가 교회를 배척했던 것 때문에 벌을 받은 것이 아니냐는 말이 돌기도 했다.

사크레쾨르 성당 바깥에는 마리아나 예수, 전통적인 가톨릭 성인들의 조각이 아닌 생 루이(루이 9세)와 잔 다르크의 기마상이 더 돋보인다. 생 루이는 프랑스 왕 중에서 유일하게 바티칸으로부터 성인 칭호를 얻음으로써 자신의 신앙심을 인정받았다. 영국으로부터 프랑스를 구한 구국의 영웅이자 이 모든 행동이 하느님의 계시 덕분이었다고 말하며 자신의 믿음을 강조했던 잔 다르크는 위기에 처한 나라를 위해 바치는 성당의 상징으로 안성맞춤이었다. 이 두 사람은 프랑스 입장에서 국가주의와 가톨릭이라는 두 가치가 정확하게 교차하는 인물들이다.

대지 사용권과 관련한 법률이 의회를 통과할 수 있느냐가 마지막 관문이었다. 이 안건은 1873년 7월 의회에서 734표 중 과반을 가까스로 넘기는 382표의 찬성을 얻었다. 추진과정에서의 토론이 얼마나 격렬했을 것인지 짐작이 가능하다. 성당이지만 단순한 종교 시설이라기보다 시민들의 여망을 담은 공공재 성격을 띠고 있다는 점을 의회가 인정한 것이다.

파리 코뮌 당시 시민군이 가장 격렬하게 저항했던 장소 중 하나인 몽마르트르 언덕에 성당을 지은 것은 그 시기에 피를 흘리고 죽어간 이들에 대한 속죄 또는 위로의 뜻도 함께 담겨 있다. 성당 건축을 주도했던 앙드레 에르퀼 드 플뢰리는 준공 행사에서 "그렇습니다. 코뮌이 탄생했던 이곳, (코뮌의 사령관) 클레망 토마와 르콩트가 최후를 맞이한 이곳에 사크레쾨르 성당이 들어서게 됩니다."라고 선언했다.

앵발리드 생 루이 돔 성당

앵발리드 생 루이 돔 성당

센강에서 가장 화려한 다리로 꼽히는 알렉상드르 3세 다리에서 강의 좌안으로 고개를 틀면 시원하게 뻗은 대로가 양쪽의 푸른 잔디밭 사이로 나 있다. 길 끝의 웅장한 건물이 앵발리드다. 경계에는 담 대신 나폴레옹 시대에 사용하던 대포들이 나란히 서 있어 군용 건물이거나 적어도 군대와 연관이 있음을 시사한다. 앵발리드는 '상이용사'라는 뜻인데, 이곳은 군인병원 또는 요양원이었다. 지금은 군사박물관이 들어서 관광객의 발길이 끊이지 않지만, 정작 외형으로나 내용으로나 가장 눈에 띄는 곳은 건물 맨 뒤편에 위치한 화려한 금색 돔이다. 이 돔은 생 루이 성당의 천장으로 돔 중앙의 일직선 아래에 나폴레옹 1세의 시신이 웅장한 대리석 관 속에 안치돼 있다.

절대왕정의 전성기를 이뤄낸 태양왕 루이 14세는 17세기 후반 "전제군주를 위해 전쟁에 나서 피를 흘린 군인들이 편히 여생을 마칠 수 있도록" 치료 및 요양기관을 마련하라고 지시했다. 무기의 발달로 전쟁 피해자가 전에 비해 기하급수적으로 늘어난 것도 요인이었다. 신심이 두터웠던 루이 14세는 이 기관 내에 들어설 성당 역시 당대 최고의 기술로 최대한 공을 들여 아름답게 지어지길 원했다. 그리고 선왕 중 처음으로 성인이 된 생 루이의 이름을 붙여 봉헌했다.

앵발리드 생 루이 돔 성당
내부에 있는 나폴레옹의 대리석 관

　　세인트헬레나 섬에서 쓸쓸하게 죽어간 나폴레옹 1세는
"내가 한없이 사랑했던 프랑스 국민들의 한가운데, 센 강변에 묻
히고 싶다."는 말을 남겼다. 그의 유지는 사망 후 20년이 흐른 1840
년 실현됐다. 루이 필립이 이끌던 7월 왕정 때였는데, 일부 국민의
반대를 의식해 루이 필립이 나폴레옹 시신의 귀환을 망설인 반면
그의 아들 오를레앙 공작은 적극적이었다. 빅토르 위고와 알렉상
드르 뒤마 같은 당대 최고의 작가들도 후자를 지지했다.

　　1840년 12월 15일 파리로 돌아온 나폴레옹의 관은 그가
건설을 지시했지만 완공을 보지 못했던 개선문을 통과해 '센 강
변'에 위치한 앵발리드의 생 루이 성당으로 향했다. 이날 개선문
에서 나폴레옹의 운구 행렬을 본 빅토르 위고는 샹젤리제 거리로
내려오면서 이런 짧은 시를 남겼다.

　　"오 순수한 태양이 차가운 하늘에 떴네 역사 속에 빛나는/

황제의 햇불이 승리의 장례 행렬을 밝히네/민중은 기억 속에서 언제까지나 너를 지키리니/영광처럼 아름다운 날이여/무덤처럼 추운 날이여!"

나폴레옹 외에도 프랑스를 위해 싸웠던 전쟁 영웅들 다수가 이 성당에 묻혀 있어, 성당을 지은 루이 14세의 의도는 크게 벗어나지 않은 셈이 됐다.

팡테옹

병에 시름하던 루이 15세는 1744년 몽마르트르와 함께 파리의 유이한 언덕, 생트 쥬느비에브 지역에 성당을 짓기로 한다. 쥬느비에브 성인은 파리시의 수호성인이다. 그로부터 10년 후 시작된 공사는 혁명으로 온 나라가 뜨거웠던 1790년 마무리됐다. 그러나 가톨릭에 적대적이었던 혁명 세력이 건축가 자크 수플로의 야심작인 이 건물을 성당으로 사용할 수 있게 놓아둘 리 없었다.

1791년 '민중의 대변자'로 추앙받던 혁명가 오노레 미라보의 사망을 계기로 건물을 프랑스의 위대한 영웅에게 바쳐야 한다는 데 의견이 모아졌다. 영국의 위인들이 웨스트민스터 사원에 묻힌 것에서 아이디어를 얻은 결과였다. 의회는 "생트 쥬느비에브 언덕에 신축된 건물은 우리의 자유를 위해 헌신한 위인을 모시는 공간으로 사용하고, 결정은 의회에서 하며, 혁명 전에 사망

파리의 수호성인 성 쥬느비에브에게 바치는 성당으로 지어진 팡테옹
대혁명을 거치면서 쓰임새가 '공화국의 사원'으로 바뀌었다.

한 데카르트와 볼테르, 루소 등을 안장한다. 건물에는 '위대한 이들에게 조국이 감사하는 마음으로 바친다'는 문구를 새긴다." 등의 결정을 내렸다. '신의 사원', 성당으로 지어진 건물이 '공화국의 사원', 국립묘지로 바뀌는 순간이었다.

돔의 내부 천장에 그려진 벽화에 얽힌 이야기는 불안했던 당시 정국을 잘 보여준다. 팡테옹이 국립묘지 기능은 하고 있었으나 내부 공사는 마무리되지 않았던 1811년, 황제 나폴레옹은

1792년 혁명 당시 국민의회를 기념하는 팡테옹 내부의 조각상. '국민의회'라 써진 굵은 글씨 위에 조그맣게 '자유롭게 살 거나 죽거나'라는 혁명 구호가 적혀 있다

화가 앙투안 장 그로에게 천장 장식을 의뢰했다. 그림에는 프랑스 역사에서 중요한 위치를 차지하는 네 명의 군주가 등장하게 돼 있었다. 클로비스, 샤를마뉴, 루이 9세, 그리고 나폴레옹.

이들 중에서도 프랑스 민법 책을 손에 든 나폴레옹이 가장 돋보이는 자리였음은 의심의 여지가 없었다. 그런데 1814년 나폴레옹이 몰락하고 엘바섬으로 귀향을 떠나자, 새롭게 권력을 잡은 부르봉 왕가의 루이 18세는 이 그림의 나폴레옹 자리에 자신을 넣으라고 화가에게 주문했다. 이듬해 엘바섬을 탈출해 재기에 성공한 나폴레옹은 그림을 원위치로 돌릴 것을 지시했다. 나폴레옹이 백일천하 끝에 워털루 전투에서 패배하고 세인트헬

레나섬에 다시 갇히자, 천장 벽화 속 나폴레옹은 사라지고 다시 루이 18세가 등장하게 됐다. 그림에 등장하는 나머지 세 명의 군주에 비하면 루이 18세의 무게감이 다소 떨어져 보이지만 나폴레옹의 모습을 그대로 두기도 어려웠을 루이 18세의 입장을 생각해보면 이해가 된다.

혁명 세력이 성당을 파괴하고 고위 성직자를 내쫓았기 때문에 가톨릭과 혁명은 양립하기 어려운 적대관계로 보는 것이 일반적인 시각이다. 그러나 가톨릭이 반혁명적이었는지에 대해서는 이견이 존재한다. 신 앞에서 모든 이가 평등하다는 가톨릭 교리가 인권선언의 내용과 일맥상통하는 면이 있기 때문이다. 또한 보편적 복지를 표방하는 프랑스의 사회보장제도의 이면에는 가톨릭의 박애 정신이 깔려 있다. 내세에서나 가능하다고 믿었던 자유와 평등의 가치가 혁명을 통해 지상에 내려왔다는 것이다. 고위 성직자들은 혁명 세력의 처벌 대상이었지만 민중과 함께했던 조그만 동네 성당의 주임신부들은 대부분 혁명을 지지했고 일부는 앞장서기도 했다. 파리의 성당들이 혁명을 거치면서도 그나마 온전하게 보존될 수 있었던 이유다.

14
모든 권위에 저항할 수 있다면
파리와 대학

내가 가장 중요하다고 생각하는 건 유산계급 자녀들이 혁명정신 안에서 노동자들과 단결하는 것입니다.
-장 폴 사르트르, 1968년 5월 20일 소르본 대학 강연

5·18 광주민주화운동의 시작을 알린 사건은 5월 18일 발생했다. 계엄군이 대학을 장악하자 전남대학교 학생들이 시위를 벌여 계엄군과 충돌한 것이다. 이들은 학교 정문에서 금남로까지 구호를 외치며 가두시위를 하였고 소식을 전해들은 시민들이 이에 합세했다. 전남대 학생들이 서슬 푸른 독재의 총구 앞에서도 위축되지 않을 수 있었던 것은 배움에서 비롯된 신념과 패기였을 것이다. 종종 대학생, 즉 젊은이들이 혁명의 도화선이 되어온 것은 광주만의 이야기가 아니다. 4·19혁명의 '그날'에도 대학생들은 역사의 한가운데 있었다.

그래서 정치혁명보다 더 복잡다단한 양상을 띠는 사회문화혁명, 1968년 5월 혁명이 파리 대학생들로부터 시작된 것도 그

리 특별해 보이지 않는다. 이들은 "금지를 금지하라"는 구호처럼 가정을 포함한 사회 내의 모든 권위주의와 부조리를 없애고, 극단적 평등주의, 완벽한 민주주의를 이루고자 했다. 소르본 대학이 있는 라틴 구역은 혁명 기간 동안 최루탄 연기와 바리케이드로 덮였다. 혁명의 물결은 전 유럽을 거쳐 미국까지 영향을 미쳤다. 68혁명의 단초 중 하나는 미국이 명분 없이 벌인 베트남 전쟁이었지만, 불을 지핀 것은 파리의 대학생들이었다.

장발의 20세기 대학생들이 떼를 지어 행진했을 라틴 구역 어딘가에서 약 1000년 전 파리의 대학이 태동했다. 센강과 평행으로 나 있는 생제르맹 대로 동쪽 모베르 광장(Place Maubert)은 19세기 제2제정 때 실시된 도시 재정비 이전에는 아주 협소한 장소였다. 분수가 있긴 했지만 광장이라고 부르기에는 민망할 정도로 좁은 이 삼각형 공간에 배움에 목마른 중세 파리지앵들이 모여들었다.

광장 이름 '모베르'는 알베르 교수(Maitre Albert)에서 온 조어인데, 도미니코 수도회 소속 독일인 교수였던 알베르가 교회의 간섭을 피하고자 노트르담 성당을 벗어나 학당을 차린 곳이 이곳이었다. 봇짐을 바닥에 깔고 알베르 교수의 강의를 듣던 학생 중에는 후에 불후의 명작 《신곡》을 쓴 피렌체 젊은이 단테도 있었다. 광장에서 센강 쪽으로 5분 정도 걸으면 12세기에 지어진 성당(생 쥘리앙 르 포브르)이 하나 나온다. 이곳은 파리 대학 학장이 머

센강과 평행으로 난 생 제르맹 대로의 동쪽에 위치한 모베르 광장. 이 광장에서 열린 강의가 파리 대학의 효시가 됐다.

물던 본부로 쓰였다.

    12세기를 전후해 파리의 교육기관들은 교회의 영향권에 있었다. 신학은 물론이고 산술, 기하, 천문, 음악, 문법, 수학, 논리학 등이 주요 과목이었다. 알베르 교수 같은 수도회 소속 교수들조차 교회를 박차고 나올 정도로 교회의 학교 운영방식은 독단적이었다. 지금의 라틴 구역을 중심으로 단과대학들이 우후죽순 생겨나자 국왕 필립 오귀스트는 이들 교육기관의 통합을 시도했다. 1215년 파리 대학이 출범했다.

소르본 대학 전경과 소르본 광장의 모습. 68혁명 이후 단행된 대학제도 개혁에 따라 지금은 파리 4대학이 들어서 있다.

볼로냐(1088), 옥스퍼드(1167), 캠브리지(1209) 등 다른 유럽 대학보다 늦게 생겼지만 당시 파리 대학의 인기는 프랑스를 넘어선 것이었다. 13세기 파리의 단과대학은 75곳에 달했고, 노르망디, 브르타뉴를 비롯한 프랑스 지방은 물론 독일, 플랑드르, 시칠리아 등 유럽 각지에서 모인 4만2000여 명의 학생이 학구열을 불태웠다. 대학에 대한 교회의 영향력이 전보다 줄어든 대신 왕정이 대학 운영에 깊숙하게 간여했다. 세계 최초의 시위라고 불릴 만한 사건이 생긴 것도 이 때문이었다.

당시 대학생들은 특수한 지위를 누리고 있었는데 그 지위를 악용한 각종 범죄가 빈번하게 일어나 일부는 교회에서 파문을 당하기도 했다. 그럼에도 이들의 패악질이 잦아들지 않자 일반 시민들의 원성이 자자했다. 1229년 2월 사순절 직전의 축제 마지막 날 대학생들은 번화가인 생 마르탱 구역의 한 술집에서 술값 문제로 주인과 실랑이를 벌였다. 실랑이는 학생과 주민 간 패싸움으로 번졌는데, 술에 취한 학생들이 주민들에게 호되게 당했다. 이튿날 복수에 나선 학생들은 해당 술집은 물론 인근 가게까지 때려부수는 등 행패를 부렸다.

이 사건은 왕가에까지 보고되기에 이르렀다. 어린 루이 9세를 대신해 섭정 중이었던 왕비 블랑슈 드 카스티유는 무장한 기사들을 보내 학생들을 벌하라고 명했다. 그런데 대학가에 들어간 기사들이 사건과 아무 관련이 없는 학생들에게까지 무자비한 폭력을 휘둘렀다. 대학 당국은 자신들의 권위가 철저히 짓밟혔다고 판단했다. 그래서 내린 결론이 학교의 문을 닫는 것이었다. 일종의 '파업'이었는데, 파업이라는 단어조차 없던 시절에 벌어진 일이었다.

학생과 교수들은 파리를 떠나 앙제, 오를레앙, 툴루즈, 푸아티에 등 프랑스 지방 도시로 옮겨 공부를 지속했다. 대학은 그들의 특권과 독립을 위해 버텼고, 왕정은 권위로 맞섰다. 얼마 후 파리의 대학은 텅텅 비었다. 신학이 대학에서 차지하는 비중이

소르본 대학 광장의 반대편 모습. 68혁명 이후 단행된 대학제도 개혁에 따라 지금은 파리 4대학이 들어서 있다.

컸던 만큼 파리 대학의 파업은 특히 교회에 미치는 영향이 컸다. 결국 교회가 중재에 나섰다. 교황 그레고리오 9세는 왕비를 설득했고, 루이 9세도 교황의 편에 서서 어머니에게 압력을 넣었다. 2년에 걸친 기싸움의 승자는 대학과 학생들이었다.

　　왕비는 피해 학생들에 대한 배상을 약속했고, 교황은 파리 외 도시에서 공부를 지속했던 학생들의 학위를 인정하는 대신 즉각 파리 대학에 복귀할 것을 주문했다. 교황은 칙서를 내려 파리 대학의 법적 독립을 보장하기로 했다. 칙서는 학생이 살해되거나

하는 등의 특별한 경우에 학생들이 공부를 거부할 수 있는, 즉 '파업'의 권리를 인정하기도 했다.

　　루이 9세의 치세에는 대학의 독립이 더욱 가속화됐다. 교육청이 기존의 성당에서 세속기관인 소르본 대학으로 옮겨진 것이다. 소르본 대학은 루이 9세의 개인 교수였던 신학자 로베르 드 소르봉(Robert de Sorbon)이 1257년 설립했다. 이 대학이 학생들로부터 권위를 얻은 이유는 소르봉이 진정한 교육자로 이름났기 때문이다. 대부분의 대학 설립자들은 학생들을 가르쳐 자신이 속한

모든 권위에 저항할 수 있다면 · 파리와 대학

수도원에 입회시키는 등 '사심'을 종종 드러냈다.

학생들끼리 논쟁이 붙기라도 하면 항상 이기는 쪽은 논리로 무장한 소르본 학생이었다. 이미 이때부터 파리지앵들에게 '소르본'이라는 단어는 '대학'과 동격으로 인식됐다.

신학의 대명사였던 소르본도 인문주의가 대두되면서 명성이 추락했다. 급기야 15세기에는 소유권이 교회로 넘어가기도 했다. 진보적이라고 여겨지던 소르본이 이제 노트르담 대성당의 부속 대학 정도로 인식됐다. 왕권과 교회의 권위가 상대적으로 높아져 가능했던 일이다. 17세기에 리슐리외 추기경이 지은 교회당은 지금도 교정 안에 남아 있는데, 이 성당 안에 그의 시신이 안장되어 있다. 대혁명 때는 학교가 폐쇄되고, 리슐리외가 지은 성당 이름이 '이성의 여신 사원'으로 바뀌기도 했다.

혁명 세력들에게 앙시앵 레짐 하의 대학은 구제불능인 천덕꾸러기 대접을 받았다. 신학에만 치우쳐 개혁의 대상도 되지 못했던 것이다. 나폴레옹 1세는 현재의 '그랑제콜(Grandes Écoles)'로 이어지는 고등교육 기관을 새롭게 신설하고, 기존의 대학은 단과대학으로 잘게 세분하는 방침을 세웠다. 소르본 대학은 신학과 법학, 의학, 수학, 문학 등 5개 단과로 쪼개지게 됐다. 최고 책임자에 화학자 출신의 정치인 앙투안 푸르크루아라는 인물이 임명됐는데, 가장 놀라운 것은 그가 무신론자라는 사실이었다. 소르본 대학의 총장이 무신론자라는 것 하나로도 세상이 얼마나 바뀌었는지를 알 수 있게 해준다. 프랑스 최고의 인재들이 모이는 폴리테크닉이나 에콜 노르말, 토목학교 등 유명 그랑제콜은 거의 이 시기에 생겼다.

이러한 대학이 다시 주목받은 건 20세기 중반에 들어서였다. 1968년 3월 파리 서쪽에 위치한 낭테르 대학에서 시위가 일어나 경찰과 충돌했다. 베트남 전쟁에 반대하는 그럴싸한 명분 외에 여자 기숙사에 남학생의 출입을 허가해달라는 매우 실질적인 요구도 있었다. 68혁명은 이렇게 거시적인 것과 미시적인 것 모두를 아우르는 사회 전반에 대한 불만의 표출이었다.

낭테르 사건 이후 같은 해 5월에 파리 대학생들은 소르본 대학에서 다시 뭉쳤다. 이에 맞선 대학 측은 경찰 투입과 학교 폐쇄라는 강경책을 썼다. 학생들이 공권력과 크게 부딪히고 쉽게 가라앉을 기미가 보이지 않자, 사르트르 같은 지식인들이 학생들의 편에 서고 노동자들도 총파업으로 힘을 실어주었다.

1968년 5월 혁명 이후 정치제도에서는 눈에 보이는 큰 변화가 없었다거나 심지어 차기 선거에서 다시 보수파가 다수를 점했다는 사실 때문에 그 의미를 과소평가하는 시각도 있다. 그러나 이런 이유들 때문에 '과연 68혁명은 성공한 것인가'라는 의문을 제기하는 것은 큰 의미가 없다. 가족, 직장, 학교 내에서 사용하는 호칭에 미묘한 변화가 생겼다거나 소수자들이 목소리를 내기 시작했다는 점 등 프랑스인의 일상을 근본적으로 바꿔놓은 문화혁명의 성격이 짙기 때문이다.

역사는 반복된다는 진리는 파리의 대학에도 적용된다. 68혁명의 선봉에 선 것은 대학과 정부의 권위에 맞선 소르본 학생들이었다. 68혁명의 결과로 정부는 대학 개혁을 단행했고, 파리 대학은 13개의 종합대학으로 나뉘었다. 소르본 대학은 파리 1대학, 3대학, 4대학, 5대학 등으로 다시 태어났다. 크고 작은 시위와 파업이 끊이지 않는 현대의 프랑스에서도 정부가 가장 긴장할 때는 대학생을 비롯한 젊은 피들이 교실을 박차고 거리로 나오는 순간이다.

15
부자들도 서민들도 웃고 울린 무대

파리와 극장

> 내가 보기에는, 파리 바깥에 사는 저런 평범한 사람들을 위한 구원
> 은 없어.
>
> —몰리에르, 《우스꽝스러운 재녀들》

르네상스를 지나온 17세기에 프랑스를 지배한 흐름은 고전주의였다. 개인의 발견과 자유의 추구 등 르네상스의 가치들은 종종 무질서로 귀결됐다. 그러한 상황에서 이전의 평화와 질서로 돌아가길 원하던 이들의 바람이 고전주의 사조의 기저에 깔려 있었다. 근대적 이성이 고대의 예술과 만나게 된 것이다. 프랑스 고전주의 3대 극작가로 꼽히는 피에르 코르네유, 몰리에르, 장 라신의 위상은 17세기 프랑스인들에게 연극이 매우 대중적인 여가활동이었다는 사실을 보여준다. 지금으로 말하면 국립극단, 그러니까 왕이 운영하는 극단이 생긴 것도 이때였다.

17세기 중반 파리에는 세 곳의 대형 극장이 운영 중이었다. 부르고뉴 극장은 다른 곳에 비해 다소 이른 시기인 1548년 설

17세기 파리의 연극 전성기를 이끌었던 팔레 루아얄의 중정

립되긴 했으나 경쟁력 없이 한동안 그저 그런 극장으로 유지되다
가 창립 20여 년 후 왕립극단으로 발돋움하는 데 성공했다. 앙리
2세의 왕비 카트린느 드 메디치가 데리고 온 이탈리아 극단에 자
극을 받았기 때문이다. 부르고뉴 극장의 독주는 1634년 마레 극
장이 생기면서 막을 내린다. 마레 극단은 1636년 코르네유의 비
극《르 시드》를 대성공으로 이끌면서 존재감을 알렸다.

　　세번째 극장은 몰리에르의 극단이 있던 팔레 루아얄이었
다. 몰리에르는 1643년 파리에서 극단을 차리고 부르고뉴 극장과 마레 극장에 도전장을 내밀었으나 참혹한 실패를 맛보고 빚더미에 앉아 징역살이까지 해야 했다. 그는 12년 동안 지방 소도시를 돌며 내공을 쌓은 뒤 1658년 루이 14세의 초청으로 파리에 재입성했다. 금의환향한 몰리에르는 팔레 루아얄 극장에서 극단을 운영하며 17세기 파리의 연극 전성기를 이끌었다.

몰리에르는 왕의 보호를 받으며 연극을 통해 사회의 부조리에 질문을 던졌다. 몰리에르 전기를 쓴 작가 로제 뒤셴느는 그가 《여인들의 학교》, 《돈 주앙 또는 피에르의 향연》, 《타르튀프》 같은 작품을 통해 "가족, 종교, 귀족 등 사회 문제에 대한 근본적 의문을 제기했다."며 "프랑스 사회와 프랑스인의 기질이 발전하는 데 결정적 역할을 했다."고 평가했다.

몰리에르 사후 몰리에르 극단은 마레 극단과 통합해 게네로 극장에 자리를 잡았다. 1680년 루이 14세는 게네로 극장과 부르고뉴 극장의 배우를 모두 아울러 국립극단인 코메디 프랑세즈를 설립했다. 코메디 프랑세즈 극장의 별칭 '몰리에르의 집'에서 알 수 있듯 프랑스 연극사에서 몰리에르의 위치는 독보적이다. 그는 주로 풍자적 희극을 선보였고, 특히 개성 강한 인물들을 내세웠다는 점에서 근대 희극을 완성시켰다는 평가를 받는다.

현재 오페라 가르니에 극장에서 루브르로 뻗어 있는 오페라 대로의 끝 광장에 위치한 국립극장 코메디 프랑세즈는 리슐리

몰리에르, 라신 등을 레퍼토리로 삼아 프랑스 연극 전통의 보존을 목표로 하는 국립극단 코메디 프랑세즈

외 관으로도 불린다. '극단' 코메디 프랑세즈가 지금의 '극장'으로 입주한 것은 1799년이고, 코메디 프랑세즈의 법적 지위가 확립된 것은 지금으로부터 200여 년 전인 1812년의 일이다. 당시 러시아 원정 중이던 나폴레옹 1세가 모스크바에서 87개 항으로 이뤄진 칙령을 내려 코메디 프랑세즈의 정관 등을 마련했다. 이 법령의 뼈대는 지금까지도 유지되고 있다.

코메디 프랑세즈와 접해 있는 팔레 루아얄에는 현재 문화부 등이 입주해 있다. 루브르와 길 하나를 사이에 두고 있는 팔레 루아얄은 1628년 리슐리외 추기경이 지은 것으로 당시에는 팔레 카르디날(추기경 궁)로 불렸다. 팔레 카르디날의 극장이 금의환향한 몰리에르가 활동한 근거지가 된 곳이다. 이곳에서 어린 루이 14세가 지냈으며, 나중에는 그의 동생 필립 오를레앙 공에게 소유권이 넘어갔다. 팔레 루아얄에서는 연극이나 오페라 등의 공연이 끊이지 않았는데 루브르궁과 가까운 지리적 여건 때문에 일부 귀족과 왕실 사람들에게 사랑방과 같은 장소였다.

대혁명의 기운이 감돌던 18세기 후반에서 19세기 초반 사이 팔레 루아얄은 사치와 향락이 극에 달한 모습을 보여주었다. 러시아 역사가 카마르친은 "파리에서 찾을 수 있는 모든 것은 팔레 루아얄에 있다."(1790)고 했고, 프랑스 소설가 라모트-랑공은 "파리는 프랑스의 수도이고, 팔레 루아얄은 파리의 수도"(1825)라

코메디 프랑세즈 내부에 전시된 몰리에르의 의자. 몰리에르가 죽기 직전 배우로 참여했던 〈상상병 환자〉에서 사용된 의자다.

고 했다. 팔레 루아얄 안에는 코메디 프랑세즈를 포함한 크고 작은 극장들이 있어 매일 연극, 오페라, 마리오네트 등 공연이 이뤄졌고, 메뉴판이 있는 현대식 개념의 레스토랑과 여러 곳의 카페가 성업 중이었다. 보석, 시계상 등 사치품 가게가 400곳에 달했고, 대형 카지노에서는 심지어 창녀들이 영업을 할 정도였다.

있는 자들의 극장이 팔레 루아얄을 중심으로 펼쳐져 있었다면, 서민들의 극장은 지금의 레퓌블리크 광장 인근에 조성돼 있었다. 레퓌블리크 광장은 가로 280미터, 세로 120미터로 너비만 3.6헥타르의 거대한 장방형 공간이다. 제2제정 시대 오스만 남작의 주도 하에 진행된 파리 도시재정비 사업의 일환으로 생겨났다. 광장 중심에는 공화국을 상징하는 조형물이 들어섰고, 대혁명 100주년이 되던 1889년에 '레퓌블리크(공화국) 광장'으로 명명됐다.

대대적인 공사가 이뤄지기 전 이곳은 저수탑이 있는 조그만 광장에 불과했는데, 광장보다는 거기서 뻗어난 여러 갈래 길 중 하나인 탕플 대로가 더 유명했다. 대로 주변에는 훗날 파리 코뮌을 주도하게 될 국제노동자협회가 들어서 있었다. 이 지역에 노동자들이 밀집돼 있었음을 알 수 있다. 귀족들의 방탕한 밤 생활이 루브르궁 인근 팔레 루아얄에서 이뤄지는 동안 탕플 대로에서는 주인공의 신분만 빼면 크게 다를 것이 없는 다른 하나의 밤

레퓌블리크 광장의 중앙에 놓인 조각상. 공화국의 상징인
마리엔느 아래 자유, 평등, 박애의 여신이 자리하고 있다.

풍경이 펼쳐지고 있었다. 밤마다 어디선가 살인, 강도 등이 벌어
지던 이 길의 별칭은 '범죄 대로'였다.

　　1830년대 탕플 대로에는 크게는 3000석이 넘는 혼합 극장,
역사 극장 등 대형 극장에서 500석 규모의 소형 극장까지 20곳
가까운 극장들이 들어서 있었다. 해가 지고 어둠이 깔릴 때쯤이
면 극장마다 매표창구에 사람들의 행렬이 늘어서고, 그 사이로
프로그램 팸플릿을 손에 든 호객꾼들이 큰소리를 치며 지나다녔
다. 주변 카페나 먹거리 상점도 덩달아 호황을 이뤘다. 각 극장의
연극이 막을 올리는 시간이 되어서야 왁자지껄하던 거리에 비로

소 정적의 순간이 찾아왔다. 그러나 탕플 대로 극장의 관객은 팔레 루아얄과 달랐다. 연극 내용이 마음에 들지 않으면 주저 없이 야유를 보내거나 배우에게 욕을 퍼붓곤 했다.

탕플 대로의 극장가를 메우던 파리지앵들은 제2공화국의 탄생을 알린 1848년 2월 혁명에서 거리로 뛰어나간 시민들이기도 했다. 어렵게 쟁취한 공화국은 다시 쿠데타로 인해 제2제정을 맞았다. 권력자 입장에서 밤마다 뜨거워지는 탕플 대로의 극장 문화와 군중이 달가울 리 없었다. 도시 정비라는 미명 하에 훗날 레퓌블리크 광장이 된 저수탑 광장은 초대형 공간이 됐고, 탕플 대로는 주변 극장이 모조리 없어지면서 전과 비교할 수 없을 만큼 넓고 깨끗해졌다. 정치적 목적이 없었다고 하겠지만 어쨌든 파리의 서민층이 주로 모여 즐기던 장소가 해체된 것이다. 민중의 모임을 지독하게 싫어하는 것은 부당하게 집권한 모든 세력의 공통점이라는 사실을 보여준다. 아이러니한 점은 현대의 파리지앵들이 레퓌블리크 광장을 바스티유 광장과 함께 시위 장소로 가장 널리 사용하고 있다는 것이다.

탕플 대로에 있던 대부분의 중소형 극장들은 아예 문을 닫았고 대형 극장들은 장소를 옮겼다. 역사 극장과 올림픽 서커스 극장은 파리 중심에 있는 샤틀레 지역으로 가서 재개장했고, 개때(Gaité) 극장은 이름을 살짝 바꿔 다른 곳으로 이사했으며, 혼합

지금도 운영 중인 탕플 대로의 데자제 극장. 1851년 개장한 이 극장은 오스만의 도시정비 공사 당시 탕플 대로의 극장 중 유일하게 살아남아 현재에 이른다.

극장은 용케 살아남았지만 1966년 사라지고 그 자리에 은행이 들어섰다.

탕플 대로에서 지금까지 명맥을 잇고 있는 유일한 곳은 데자제 극장이다. 탕플 대로 41번에 위치한 이 극장은 1862년 오스만의 도시 재정비 구역에서 살짝 벗어나 살아남을 수 있었다. 1770년 연극을 공연하는 극장으로 개장해 혁명기에는 공공 목욕탕으로 사용되다 19세기 중반부터 다시 연극 공연장이 되었다. 20세기 중반에는 영화를 상영하는 극장과 콘서트 홀로 변신했다가 1980년대 중반부터 다시 연극 공연장으로 돌아와 지금에 이르고 있다.

데자제 극장 외에도 레퓌블리크 광장 주변에서는 세기를 넘어 운영 중인 작은 규모의 연극 공연장들을 종종 만날 수 있다. 혹시 레퓌블리크 광장 인근 길을 걷다 극장을 마주치거든 눈을 감고 가만히 서서, 저 옛날 '범죄 대로'라 불릴 정도로 북적이던 시절 극장을 나서며 흥분을 감추지 못하던 민초들의 고함 소리를 떠올려봄 직하다.

16
스크린으로 다시 태어나는 도시
파리와 영화

비가 쏟아지는 어느 오후 파리에서 연인과 키스를 해보지 않았다면, 당신은 키스를 해본 적이 없는 것이다.

-우디 알렌

파리 시내 오페라 극장에서 마들렌 사원으로 뻗은 카푸신 대로를 따라 5분쯤 걸으면 영화의 성지가 있다. 1895년 12월 뤼미에르 형제가 상업영화를 처음으로 상영한 그랑 카페는 현재 스크리브 호텔 내 '뤼미에르 카페'로 바뀌었다. 그날 1프랑을 지불하고 카페의 인디언 살롱에 앉은 파리지앵 30여 명은 호기심 가득한 눈으로 어두운 화면을 응시했다. 〈뤼미에르 공장의 출구〉, 〈기차의 도착〉 등 이날 상영된 10편의 흑백 활동사진을 보며 관객들은 화면 속 사물이 밖으로 나올 듯한 모습에 괴성을 지르기도 했다.

주최 측은 언론사에도 초청장을 보냈지만 이날 상영관에 나타난 기자는 없었다. 언론사의 무관심과 달리 이 신기한 새 오락거리는 파리지앵들의 마음을 사로잡는 데 성공했다. 입소문을 타고 수천 명이 그랑 카페에 몰려들어 질서 유지를 위해 경찰이 출동할 정도였다. 뤼미에르 형제는 이후 런던과 뉴욕 등 전 세계를 돌며 신드롬을 일으켰고, 1900년 파리 만국박람회에서 영화에 대한 관심은 최고조에 이르렀다.

뤼미에르 형제보다 두 달 앞서 세계 최초의 상업영화 상영이 베를린에서 있었다고도 하지만, 이들 형제가 상영을 1년 앞두고 특허를 얻은 것을 감안하면 실제 최초 상영일과 주체를 제쳐두더라도 상징성은 뤼미에르 형제에게 있다. 제7의 예술로 불리는 영화는 문화와 산업, 예술성과 대중성의 경계를 오가며 탄생

1895년 12월 뤼미에르 형제가 상업영화를 처음으로 상영한 그랑 카페가 있던 현재의 스크리브 호텔

이후 지속적으로, 그리고 전 세계적으로 사랑을 받고 있다. 영화 탄생의 요람이 되었던 파리는 그 주도권을 할리우드에 넘겼지만, 영화에서는 파리에 대한 오마주를 멈추지 않았다.

파리 시청에 따르면 파리 시내에서 촬영되는 영화 수는 연간 950편을 넘는다. 평균 3700일 동안 파리 시내 6000여 곳에서 영화를 찍는 셈인데, 파리의 어디선가에서 매일 10건의 영화 촬영이 이뤄지고 있다는 계산이 나온다. 파리시에서는 영화 제작을 위한 편의 제공에 힘을 쓰고 있다. 촬영 허가를 위한 각종 서식 등이 구비된 홈페이지를 따로 만들어놓기도 했다.

영화인들을 위한 파리의 세심한 배려는 파리의 상징 중 하나인 지하철 내부 장면을 위해 아예 역사(驛舍) 하나를 비워서 세트장으로 활용하도록 하는 데서도 잘 드러난다. 우리가 영화에서 보게 되는 파리의 지하철 내부는 아마도 이곳에서 촬영됐을 확률이 크다. 예를 들어 이 역은 영화 〈아멜리에〉에서는 몽마르트르 인근의 '아베스' 역이었고, 〈사랑해, 파리〉에서는 루브르 박물관과 콩코드 광장 사이에 위치한 '튈르리' 역으로 등장했다.

프랑스 영화가 파리를 기억하는 것은 당연한 일이다. 그러나 할리우드 영화의 파리 사랑도 간단한 것은 아니었다. 1900년 파리 만국박람회에 참석한 토머스 에디슨은 에펠탑의 매력에 빠져 상당한 양의 사진을 촬영해 미국으로 돌아갔다. 이후 파리를 무대로 촬영된 할리우드 영화는 현재까지 800편이 넘는다.

　　20세기 초 벨 에포크 시대의 파리를 담은 영상은 미국인들의 부러움을 사기에 충분했다. 센 강변을 걷는 연인은 왠지 더 다정해 보였고, 생 제르맹 데프레의 카페에서 책을 읽는 파리지앵은 왠지 더 지적으로 보였으며, 심지어 퐁뇌프 다리의 거지조차 낭만적으로 보였다. 20세기 초라면 발터 벤야민이 '19세기 수도'라고 말했던 그 시절 파리에서 그리 오래지 않은 때다.

　　1922년 나치 정권을 피해 미국으로 날아간 독일인 감독 에른스트 루비치는 대표적인 파리 마니아다. 파리를 무대로 〈러브 퍼레이드〉, 〈삶의 설계〉 등 10여 편이 넘는 영화를 만든 루비치는 "파라마운트의 파리가 있고, 실제 파리가 있다."는 말을 남겼다. 할리우드의 파리 사랑은 1950~1960년대 블레이크 에드워즈, 스탠리 도넌, 알프레드 히치콕 감독 등으로 이어졌다. 특히 스탠리 도넌의 〈퍼니 페이스〉와 〈샤레이드〉는 팔레 루아얄 정원과 샹젤리제 거리, 좁다란 골목들, 지하철 등 파리의 풍경을 아름답게 담아 관객에게 파리에 대한 동경을 불러일으켰다.

　　영화 속에서 파리는 각 영화마다 다양한 모습으로 등장한다. 파리의 중심지 시테섬을 대표하는 노트르담 성당이 여러 각도에서 자주 등장하는 영화 가운데 〈라따뚜이〉가 있다. 이 영화는 요리사가 되고 싶은 생쥐 레미의 이야기를 담은 애니메이션인데,

파리에서 매년 900여 편의 영화가 촬영되는데 2002년 6월 파리 4구에서 진행된 조엘 홉킨스 감독의 〈펀치 러브〉 촬영 장면

노트르담 성당 종탑 위에 올라가 파리 전경을 바라보는 장면이 압권이다. 빅토르 위고의 소설을 원작으로 한 애니메이션 〈노트르담의 꼽추〉 역시 같은 장소를 배경으로 삼고 있다. 스타일에 따라 노트르담을 각각 어떻게 그리고 있는지 비교해보는 재미가 있다.

루브르 박물관을 가장 잘 보여주는 영화는 뭐니뭐니해도 할리우드 스타 톰 행크스 주연의 〈다빈치 코드〉다. 박물관이라는 장소의 특수성도 긴장을 극대화하는 역할을 했지만 무엇보다 낭만의 도시 파리가 스릴러 영화 배경으로도 손색이 없다는 점을 잘 보여줬다. 화려한 패션계 이야기를 다룬 〈악마는 프라다를 입는다〉에서도 파리가 등장한다. 패션위크에 참가하기 위해 파리에 온 주인공 앤 해서웨이는 패션잡지 일에 환멸을 느끼고 콩코드 광장 중앙 분수에 휴대전화를 던져버린다.

'비포 시리즈' 셋 중 두번째인 〈비포 선셋〉의 무대도 파리다. 베스트셀러 작가 자격으로 팬 사인회에 참석한 에단 호크가 줄리 델피를 만나는 장소는 센 강변 생 미셸의 셰익스피어 서점이다. 서점 장면은 첫 몇 분에 불과하고, 영화 내내 생 마르탱 운하 등 파리 곳곳을 보여주지만 관객의 이목을 사로잡은 곳은 바로 서점이었다. 평범한 영어책 전문 서점이었던 장소가 영화 이후로 이른바 '성지'가 됐다. 셰익스피어 서점은 공간을 확장하고 옆 가게를 얻어 카페까지 열었다. 몇 평 되지 않는 서점에 들어가려고 줄을 선 관광객들의 행렬은 지금도 어렵지 않게 마주칠 수 있다.

꿈을 소재로 한 영화 〈인셉션〉에서 강렬한 인상을 준 곳은 에펠탑이 보이는 센강의 다리 비르 아켐이었다. 레오나르도 디카프리오와 엘렌 페이지가 만나 꿈을 설계하는 법을 연습하는 장소

뤼미에르 형제가 최초로 상업영화를 상영했던 그랑 카페 벽에는 '1895년 12월 28일 이곳에서 뤼미에르 형제가 발명한 영사기를 이용해 대중에게 처음으로 활동사진을 상영했다'고 쓰여 있다

콩코드 광장과 마들렌 사원을 잇는 루아얄 가의 막심 레스토랑. 1920년대 피츠제럴드, 피카소 등 유명 예술가가 드나들던 곳으로 〈미드나잇 인 파리〉의 무대가 됐다.

크리스토퍼 놀란 감독의 SF 영화 〈인셉션〉(2010)의 배경이 됐던 비르 아켐 다리

로 설정됐다. 자동차와 사람이 지나는 다리 위로 지하철이 다니는 철교가 놓인 이층 구조인데, 에펠탑과 센강이 잘 보이고 철교를 지탱하는 철골 구조물과 조명, 디자인 등이 19세기 느낌을 주기 때문에 사진 찍는 장소로 인기가 좋다. 하루에도 여러 쌍의 신혼부부가 다리 위에서 결혼사진을 찍는다는 사실이 그 인기를 증명해준다.

몽마르트르가 있는 피갈 지역을 제대로 보여준 건 뮤지컬 영화인 〈물랭루즈〉였다. 약간 판타지 영화인데다 시대물이기 때문에 우리가 볼 수 있는 현대의 피갈 거리와는 차이가 있지만 파리 야경을 배경으로 니콜 키드만과 이완 맥그리거가 옥탑방 테라스에서 사랑의 노래를 부르는 장면은 관객을 한없이 몰입시켰다.

몇 년 전 우리나라에서도 개봉되어 관객수 30만 명을 넘긴 우디 앨런의 〈미드나잇 인 파리〉는 뼛속까지 뉴요커인 미국인 감독이 파리에 보내는 찬사였다. 그저 그런 미국인 소설가 오웬 윌슨이 약혼자 가족과 함께 파리 여행에 나선다. 파리에서 문학적 영감을 얻길 간절하게 바랐던 그는 자정이면 어디선가 나타나 1920년대로 자신을 데려다주는 마차를 타고 시간 여행을 떠난다. 마차가 인도한 막심 레스토랑에서 주인공은 피츠제럴드, 헤밍웨이, 피카소, 살바도르 달리, 툴루즈 로트렉, 앙리 마티스 등을 만난다. 1893년 문을 연 막심 레스토랑은 지금도 루아얄 가 3번지

파리를 무대로 한 로만 폴란스키 감독의 〈실종자〉의 한 장면

에서 영업 중이다.

등장인물들은 파리 인근 지베르니에 있는 모네의 생가를 방문하고, 튈르리 공원 내 오랑주리 박물관에서 모네의 〈연꽃〉 연작을 관람한다. 그들은 센 강변을 산책하고 생 투앙의 벼룩시장을 걷는다. 감독의 전매특허인 수다스러움은 여전하지만, 관객들은 시간을 넘나드는 매력적인 파리의 영상에서 그 피로감을 덜어낸다. 영화에는 촬영 당시 현직 프랑스 대통령이던 사르코지 부인 카를라 브루니가 출연해 화제가 되기도 했다. 파리에 대한 감독의 수줍은 사랑 고백인 이 영화는 우디 앨런에게 네번째 오

스카상(각본상)을 선사했고, 자신의 필모그래피 중 최고 흥행작이라는 덤을 안겨줬다.

21세기에 가까워오면서 파리를 다루는 할리우드의 관점은 다양화했다. 낭만적인 파리의 모습을 배경으로 한 로맨틱 코미디를 벗어나 〈테이큰〉이나 〈인셉션〉, 〈본〉 시리즈 등 첩보물과 액션영화에서도 심심찮게 파리가 등장했다. 예술의 도시 파리는 영화에 아름다운 영상을 제공하고 감독들에게는 영감을 주었다. 이렇게 태어난 영화는 다시 파리에게 예술의 도시라는 타이틀을 씌워 관객을 매혹하고 있다.

17

화려한 첨단기술의 향연이 벌어진

파리와 박람회

미래에 대한 성찰은 미래 그 자체보다 더 생산적이다.
—앙리 베르그송, 《의식의 단상에 대한 에세이》

모든 것이 풍요롭던 유럽의 벨 에포크를 가장 상징적으로 보여주는 것은 당시 최신 유행의 경연장이었던 박람회다. 산업혁명을 주도한 런던에서 1851년 처음으로 국제박람회가 열린 이래 선진국들은 앞다투어 박람회를 개최하고 기술력을 선보였다. 철도 시대를 예고한 증기기관차(1851)가 등장한 것도, 공연장을 거실로 불러들일 수 있게 만들어준 축음기(1878)가 등장한 것도, 더 빠르고 더 편리한 이동의 자유를 선사한 상용 자동차(1885)가 등장한 것도 박람회를 통해서였다.

포문은 산업혁명을 등에 업은 영국이 열었지만, 정작 박람회를 100퍼센트 활용한 것은 프랑스였다. 19세기 후반 50년 동안 파리에서만 다섯 번의 박람회가 열렸다. 파리뿐 아니라 브장송

(1860), 메츠(1861), 리옹(1872, 1894, 1914), 마르세유(1908), 낭시(1909), 루베(1911) 등 프랑스의 지방 도시에서도 이런저런 주제로 국제박 람회를 열었다.

　　다른 도시도 마찬가지였지만 파리는 박람회를 열 때마다 입이 쩍 벌어질 만한 대형 건물들을 선보여 참가국들의 기를 꺾 었다. 1855년 파리의 첫 박람회에서부터 센 강변에 길이가 1.2킬

로미터에 달하는 건물이 들어섰다. 이 기계 전시실의 전용면적은
2만 평방미터였다. 두번째인 1867년에 건축된 기계 전시실은 너
비 384미터에 길이 500미터인 전용면적 15만 평방미터 규모였
고, 1878년에는 28만 평방미터로 더 커졌다.

  멈추지 않는 과시 본능의 정점에 에펠탑이 있다. 혁명 100

주년인 1889년 만국박람회에 맞춰 지어진 에펠탑은 300미터 높이의 철탑이다. 난데없이 솟은 에펠탑이 프랑스인의 정서와 예술 감각을 전혀 반영하지 않는다는 이유로 기 드 모파상, 폴 베를렌 등 유명 예술인들은 성명서를 발표하며 건설에 반대했다. 파리 어디에서나 보이는 '추한' 고철 덩어리 에펠탑이 꼴 보기 싫다는 이유로 에펠탑이 보이지 않는 유일한 곳, 에펠탑 2층 레스토랑에서 점심을 먹었다는 모파상 이야기는 유명하다. 그러나 파리지앵들의 반대에도 불구하고 개장 첫해 관람객은 190만 명에 달했고, 지금도 연간 700만 명에 가까운 사람들이 다녀간다.

그다음 박람회가 열렸던 1900년에는 제2회 하계올림픽까지 동시에 개최됐다. 각각 3000만 명과 5000만 명이 다녀간 것으로 기록된 1889년과 1900년 두 번의 박람회는 파리가 왜 '19세기의 수도'인지를 국제사회에 여실히 증명했다. 런던에서 열린 첫 박람회 관람객이 600만 명 수준이었다는 점을 감안하면 대단한 성공이었다.

특히 1900년 박람회에는 지금도 각종 기획 전시로 파리지앵의 사랑을 한 몸에 받고 있는 그랑 팔레와 프티 팔레가 지어졌다. 또한 런던 등 다른 유럽 도시보다 늦긴 했지만 이 박람회를 계기로 파리 지하철이 개통했으며, 지금은 미술관으로 사용되고 있는 오르세역 등이 새롭게 선보였다. 이때부터 빛을 이용한 광장의

분수가 등장했고, 건물을 비추는 야간 조명도 보는 이들의 눈을 즐겁게 했다. 대형 화면에서 뤼미에르 형제의 영화가 상영됐고 유성영화도 등장했다. 센강 위의 가장 화려한 다리인 알렉상드르 3세 다리를 비롯해 앵발리드 다리, 알마 다리, 이에나 다리 등도 새롭게 지어졌다.

1900년 박람회에서 가장 주목을 받았던 것 중 하나는 '미래가(街)'라는 별칭으로 불린 평지 에스컬레이터로 박람회 주요 행사 장소였던 샹 드 마르스 외곽을 도는 동선으로 운행했다. 앵발리드 앞 공원에서 센 강변을 따라 에펠탑 앞을 지나고 왼쪽으로 꺾어 다시 앵발리드 쪽으로 향하는 3.5킬로미터 구간에 아홉 개의 정거장이 마련돼 있었다. 한 바퀴를 도는 데 26분이 소요됐는데 단순한 놀이기구만이 아니라 운송수단으로도 톡톡한 재미를 봤다. 동시 탑승 인원이 1만4000명으로, 부활절 오후 한 나절 동안 7만 명이 이용한 기록이 있을 정도로 인기를 끌었다. 당시 버스와 트램 이용자가 하루 평균 4만 명 정도였다는 점을 감안하면 놀라운 수준이다.

에디슨을 비롯한 관람객들은 평지 에스컬레이터를 타는 사람들을 카메라로 찍어 짧은 영상물로 제작하기도 했다. 박람회

1900년 박람회를 앞두고 건설된 알렉상드르 3세 다리. 뒤쪽의 건물은 같은 시기에 지어진 그랑 팔레다.

장 주변 도로를 운행하며 공공 운송수단 역할을 하던 그 시설은 사라졌지만 현대의 대형마트니 공항 등이 그 콘셉트를 그대로 차용하고 있다는 점에서 미래를 내다본 기획이었다.

박람회나 올림픽 등 국제행사의 주체가 행사 기간 동안 사용했던 대형 건물의 사후 용처에 대해 고민하는 것은 예나 지금이나 마찬가지다. 박람회 이후 철거될 예정이었지만 살아남아 파리의 상징이 된 에펠탑은 운이 좋은 경우다. 대부분의 초대형 건물들은 박람회 폐막과 함께 사라졌다. 그러나 파리 시내에서 박람회의 흔적들을 찾는 일은 그리 어렵지 않다.

행사만을 위한 건축이 아니라 더 멀리 내다보는 파리지앵의 혜안은 종종 올림픽이나 엑스포 등 대규모 국제행사를 치르는 우리나라 지자체들에게도 시사하는 바가 크다. 건물이나 다리 등 건축물만이 아니라 조각 작품들도 파리 어딘가 적당한 위치로 자리를 옮겨 시민들에게 작은 즐거움을 선사하고 있다. 박람회가 남긴 발자취들을 따라 산책하는 것도 벨 에포크 시대의 파리를 느껴보는 좋은 방법이다.

파리에서 열린 두번째 박람회(1867)에서 처음으로 등장한 것이 센강의 유람선이다. 관광객을 싣고 도시를 가로지르는 강 위를 떠다니는 유람선은 프랑스 제3의 도시 리옹이 원조로 알려져 있다. 상표권 등록이 돼 있어서 이젠 고유명사가 된 센강 유람선의 대명사 '바토 무슈'의 무슈도 선박 제조공장이 있던 리옹의 동네 이름에서 유래했다. 박람회에서 첫선을 보인 파리 유람선은 해당 박람회에서 250만 명의 승객을 유치했다. 지금처럼 관광 상품으로 개발된 것은 제2차 세계대전 이후인 1950년대로 지금은 파리에서 없어서는 안 될 명물로 자리를 잡았다.

세번째 박람회(1878) 때는 에펠탑에서 센강 건너에 커다란 궁이 지어졌다. 지금은 광장 이름으로 사용되는 트로카데로 궁으로 여기서 '궁'은 왕의 거처라기보다 '호화롭고 웅장하게 건축된 건물'을 일반적으로 부르는 경우에 속했다. 트로카데로 궁은 박람회 기간 동안 파티 장소 등으로 사용된 뒤 박물관으로 바뀌었다가 1937년 박람회를 앞두고 허문 자리에 현재의 샤이오 궁이 들어섰다. 샤이오 궁은 1946년 개설된 첫 UN본부로도 유명하다. 대칭으로 자리 잡은 샤이오 궁 사이의 트로카데로 마당은 에펠탑이 가장 잘 보이는 곳이어서 에펠탑을 배경으로 사진을 찍는 관광객들로 언제나 발 디딜 틈이 없다.

오래전에 사라진 트로카데로 궁의 향수를 오르세 미술관 앞마당에서 느낄 수 있다. 1878년 박람회 당시 궁 앞에 설치됐던 대형 조각품 6점이 오르세 미술관 개관을 맞아 옮겨졌기 때문이다. 각각 아시아와 오세아니아, 유럽, 북아메리카, 남아메리카, 아프리카를 상징하는 이 여신상들은 알렉상드르 팔기에르 등 당대

파리에서 열린 두번째 박람회 때 첫 등장한 센강 유람선 바토 무슈는 관광객이 즐겨 찾는 코스가 됐다

최고 조각가들의 작품이다. 1935년 트로카데로 궁 정비와 함께 프랑스 서부 거점 도시 낭트로 옮겨져 전시되다가 오르세 미술관 개관에 맞춰 지금의 자리로 오게 됐다.

오르세 미술관 앞마당에 있는 대형 동물 조각상도 1878년 박람회를 위해 제작돼 트로카데로 궁 앞에 전시됐다. 코뿔소와 말, 코끼리, 황소 등 동물 연작이 박람회 때 선보였는데 이 중 코뿔소와 말, 코끼리는 오르세 미술관 앞에, 나머지 황소 상은 파리 남쪽 조르주 브라상스 공원 내에 전시돼 있다. 1878년 박람회에서는 나중에 뉴욕의 상징이 된 자유의 여신상 머리 부분이 샹 드 마르스

1878년 박람회 때 트로카데로 궁 앞에 설치했다가 오르세 미술관 앞마당으로 옮긴 6대주를 상징하는 여신상

에 전시되기도 했다.

에펠탑은 네번째 박람회(1889)를 맞아 건설됐다. 파리 시내와 가깝지만 밀집도가 높지 않아 에펠탑이 생기기 전부터 박람회 장소로 사용되던 곳이다.

생 제르맹 데프레 성당 바로 옆에 위치한 펠릭스 데뤼엘 스퀘어 구석에는 1900년 박람회의 흔적이 남아 있다. 유럽 최대인 세브르 도자기 공장이 박람회를 맞아 설치한 파비용의 회랑형 외

벽 장식을 그대로 옮겨놓은 것이다. 사암 도자기로 제작된 이 조각품에서 18세기 중반부터 발전을 거듭한 프랑스 도자기 기술의 정교함과 당시 왕실과 귀족들의 화려한 취향을 엿볼 수 있다. 특히 이 장식은 도자기도 실내장식뿐 아니라 견고함과 지속성이 필요한 건물 외양 장식으로 사용 가능하다는 사실을 보여준다.

역시 1900년 박람회에 전시된 뒤 펠릭스 데뤼엘 스퀘어에 잠시 옮겨졌다 다시 자리를 바꿔 라틴 구역의 시피옹 스퀘어에 설치된 벽화 부조가 있다. '제빵사'라는 제목의 이 작품은 알렉상드르 샤르팡티에가 사암 벽돌에 유약을 발라 제작한 것이다. 조각가는 루브르 박물관 지하에서 발굴된 고대 벽화에서 모티프를 얻었다. 작품이 동네 공원에 불과한 시피옹 스퀘어에 전시돼 있어 좀 초라해 보이기는 하지만 이런 경우는 뜻밖의 장소에서 진주를 발견하는 것과 비슷한 파리 산책의 즐거움 중 하나다.

■ 19세기 후반 주요 만국박람회 개최국과 도시 ■

연도	개최국	도시	연도	개최국	도시
1851년	영국	런던	1880년	호주	멜버른
1855년	프랑스	파리	1888년	스페인	바르셀로나
1862년	영국	런던	1889년	프랑스	파리
1867년	프랑스	파리	1893년	미국	시카고
1873년	오스트리아	빈	1897년	벨기에	브뤼셀
1876년	미국	필라델피아	1900년	프랑스	파리
1878년	프랑스	파리			

18
없는 것 빼고 다 있는 보물창고
파리와 벼룩시장

최근 어떤 일요일에 친구 하나와 생 투앙 벼룩시장에 갔다. 나는
다른 어느 곳에서도 보기 힘든 물건들을 찾기 위해 거기에 자주 간
다. 내가 찾는 것은 철 지나고, 부서지고, 사용이 불가능해서 거의
이해하기 힘든, 때로는 도착적이기까지도 한 것들이다. 내가 원하
고 좋아한다는 의미에서 말이다.

-앙드레 브르통, 《나자》

'벼룩시장'이라는 단어는 1990년대 민간 출판사의 한국어
사전에 오르기 시작해 1999년 국립국어원이 출간한 '표준국어대
사전'에 등재되면서 정식 우리말로 인정받았다. 국립국어원 사전
에는 "프랑스 말 마르셰 오 퓌스(marché aux puces)를 번역한 것"이
라는 설명이 달려 있다. 같은 뜻의 영어 단어 '플리 마켓(flea market)'
도 벼룩시장의 직역인 것을 보면 중고품을 내다파는 만물시장,
벼룩시장의 시작은 프랑스인 것으로 추정이 가능하다. 적어도 프
랑스에서 붐을 일으켰다는 건 사실이다.

파리에서 꼭 들러야 할 여행코스로 빠지지 않는 벼룩시장

의 시작은 19세기 후반까지 거슬러 올라간다. 1870년대 파리 시
내에서 활동하던 넝마주이, 고물장수, 짐꾼 등 최하층민들이 성
밖으로 쫓겨난다. 도시 정비가 활발하게 진행되던 시점에 도시
미관과 위생을 해친다는 것이 가장 큰 이유였다. 1884년 파리 시
장 으젠 푸벨은 넝마주이나 거지 등이 쓰레기를 함부로 파헤쳐
길거리가 지저분해지는 일을 방지하기 위해 각 가정에서 나오는
쓰레기를 상자에 넣도록 법령을 만들었다. 그의 이름을 딴 '푸벨
(poubelle)'은 쓰레기통이라는 뜻의 보통명사가 됐다.

그들이 쫓겨난 또 다른 이유는 밤바다 너무 시끄럽게 떠들
었기 때문이다. '달빛 사냥꾼'이라는 별칭처럼 그들은 밤이 되면

파리 북쪽 생 투앙 벼룩시장의 초입

온 도시를 돌며 고물을 수집하고 쓰레기를 파헤쳤다. 그런데 역설적으로 그들이 '사냥'한 물건들을 팔고 세금을 안 내기 위해서는 성 밖이 유리했다. 파리의 3대 벼룩시장은 각각 북쪽, 동쪽, 남쪽 성문 경계에 위치한다.

    '벼룩시장'이라는 단어의 어원에 대해서는 의견이 분분하다. 파리 최대 규모인 생 투앙 벼룩시장의 자료에 따르면 한 넝마주이가 고물을 파는 노점상 진열대를 보며 "이것 보게, 벼룩을 다 팔고 있네!"라고 말한 것이 계기가 돼 사람들 사이에서 벼룩시장이라 불리게 됐고, 이후 1900년경부터 파리를 방문하는 관광객들에게 '벼룩시장'이라고 찍힌 우편엽서가 팔리면서 이 표현이

굳어졌다고 한다.

　파리 북쪽 생 투앙 벼룩시장의 공식 개장은 파리 시내에서 공식적으로 '쓰레기통'이 탄생한 이듬해인 1885년으로 기록된다. 이때부터 생 투앙 시(市)가 물건을 파는 상인과 장소의 청결, 안전 등을 관리 감독하기 시작했다. 입소문을 타고 생 투앙 벼룩시장의 명성이 파리지앵들에게 널리 퍼지자 주말마다 이런저런 물건을 사러 오는 사람과 산책 나온 사람들로 붐볐다. 시내에서 멀리 떨어진 외곽에서 벌어지는 이 진풍경이 1910년을 전후해 언론에 소개되면서 벨 에포크 시대 파리지앵들의 주말 필수 산책 코스가 됐다.

　제1차 세계대전이 끝난 뒤 돈깨나 있는 부자들이 투자 목적으로 생 투앙의 시장을 주목했다. 이들은 시장의 땅을 매입하고 상인들에게 세를 받았다. 가장 먼저 문을 연 것은 1920년 1만 3000제곱미터 규모로 개장한 베르네종 시장이었다. 유배 중이던 알바니아 귀족 말릭이 카페를 운영하다가 1942년 자신이 가꾸던 밭 3000평방미터를 시장으로 바꾸기도 했다. 차례로 작은 시장들이 열려 지금은 의류, 가구, 장식품 등 테마 별로 14개의 시장이 자리 잡고 있다.

　1970년대 문을 연 고급 골동품 전문 세르페트 시장은 시트로앵 자동차 정비소 건물을 매입해 시장을 지었는데 관청에 건축

신고도 하지 않았다. 하지만 120명이 넘는 상인들이 활발하게 장사를 하면서 찾아오는 사람들이 늘어나자 이 시장에 대한 행정제재 등의 조치를 포기해야 했다.

생 투앙 시는 2001년 벼룩시장 일대를 '건축, 도시, 농촌 문화재 보존구역'으로 지정해 보호하고 있다. 이 조치를 통해 건물 외벽이나 간판 등을 지자체가 관리하고 건물의 신축, 해체, 개조 등이 엄격하게 제한되었다. 이곳의 건물들이 건축적으로 대단한 가치를 지녀서 내린 결정이라기보다는 생 투앙 벼룩시장의 고유

파리를 주제로 한 우디 앨런 감독의 영화 《미드나잇 인 파리》의 한 장면. 주인공은 약혼녀와 생 투앙 벼룩시장을 산책하다 우연히 음반 가게에서 원했던 LP를 찾는다.

19세기 후반 파리에서 쫓겨난 하층민들이 조성해 파리의 상징으로 거듭난 생 투앙 벼룩시장

전 세계에서 모여든 사람들로 북적이는 생 투앙 시장과는 달리 파리지앵들이 상대적으로 많은 파리 남쪽 방브 벼룩시장

한 분위기 자체를 문화재로 판단한 것이다.

생 투앙 벼룩시장을 다녀가는 사람은 연간 500만 명이 넘는다. 파리에서 쫓겨 밀려난 밑바닥 사람들이 만들어낸 별천지가 세상으로부터 인정을 받은 셈이다. 여기에는 앙드레 브르통 같은 초현실주의 예술가 그룹의 벼룩시장 사랑도 빼놓을 수 없다. 찰나와 우연을 중시했던 이들에게 벼룩시장은 한가하게 거닐며 시간을 보낼 수 있는, 그러다 운이 좋으면 사진이나 고가구 등을 '득템'

할 수 있는 최고의 산책 장소였던 것이다.

생 투앙 벼룩시장이 규모로 승부해 전 세계 사람들을 끌어들인다면, 남쪽의 방브 벼룩시장은 현대 파리지앵들이 선호하는 비교적 조그만 규모의 시장이다. 생 투앙 시장에서 넘치는 행인들에 이리저리 치이고, 다소 비인간적인 상술과 벼룩시장의 너무 큰 규모에 오히려 실망했다면 방브 시장에서 여유롭게 골동품 사이를 걸어보는 게 좋다.

당시에는 그 누구도 알 수 없었겠지만, 1989년 어느 토요일 오전 방브 벼룩시장에서 세계의 사진 역사를 뒤집을 만한 '사건'이 벌어졌다. 600프랑에 팔린 조그만 크기(5.8×4.5cm)의 인물 사진이 주인공이었다. 당시 시간당 최저 임금(약 4.50유로)이 현재(9.76유로)의 절반도 안 됐던 점을 감안하면 600프랑이란 금액은 지금 가치로 40유로(약 5만6000원)에 불과했다.

방브 시장에서 사진을 산 수집가 마크 파느는 그로부터 10년 후 사진을 세상에 내놓았다. 그는 이 사진이 은판사진술을 발명한 루이 다게르가 1837년 찍은 위에 씨의 초상이라고 주장했다. 사실이라면 사진의 역사가 바뀔 일이었다. 잡지를 통해 이 같은 주장이 알려지자 미국의 다게르 전문가들은 그 사진이 진짜가 아니라고 반박하면서 논쟁을 불러일으켰다. 다게르의 사진이 맞다고 주장하는 측에서는 그가 1838년 2월에 썼던 "최근 초상 사진 작업을 진행했는데 꽤 잘 나왔다."라는 글 등을 근거로 들이대며 공방을 이어갔다. 미국 전문가들의 몽니 역시 이해 못할 바는 아니었다. 최초의 인물 사진을 두고 영국과 프랑스가 논쟁 중이었기 때문이다. 다게르의 초기 사진은 주로 풍경이었으며 1839년경에 작업한 것으로 기록되고 있다.

북쪽의 생 투앙이 파리 시내에서 쫓겨난 하층민들에 의해 지금에 이르고, 남쪽의 방브는 벼룩시장 중에서 상대적으로 품질이 좋아 관광객들의 발길을 사로잡고 있다면 동쪽의 몽트뢰이 벼룩시장은 주민들이 자생적으로 만든 시장이 그 기원이다. 1860년경에 형성돼 파리의 다른 벼룩시장들보다 오히려 먼저 시작됐다. 다만 시장의 주체가 파리 시내에서 쫓겨난 하층민이 아니라 동네 사람들이었다. 그런데 그 동네 사람들이 어찌나 가난한지 시장에 내놓는 물건들도 하찮은 것들이 대부분이었다. 이런 역사적 배경을 알고 나면 다른 두 곳보다 외국인 관광객의 비율이 낮고, 취급하는 상품의 가격 역시 확연하게 낮은 이유를 어렴풋이 짐작할수 있다.

몽트뢰이 벼룩시장의 경우 토요일부터 월요일까지 일주일에 3일 간 노상 주차장과 광장 등 야외에서 열리는데 주차 공간 확보와 도시 미관 개선 등을 이유로 파리시가 대규모 공사를 예고하고 있다. 2021년 완공을 목표로 건물을 짓고 주차장을 확보한

생 투앙 벼룩시장의 골동품 시계 가게 먼지가 앉다 못해 눌러 붙은 시계들이, 지금-여기의 시간을 예측하기 어렵게 한다

뒤 상인들이 건물 내에서 장사할 수 있도록 하겠다는 것이다. 건물 안에서 일하는 것이 익숙하지 않은 상인들은 자신들의 의견이 전혀 반영되지 않았다며 파리시 결정에 반발하고 있지만, 앞으로 몇 년 후에 이 벼룩시장이 어떻게 변해 있을지 지켜볼 일이다.

어쩌다 피카소나 르누아르, 세잔 등 파리에서 활동했던 유명 화가의 습작이 파리 시내 벼룩시장에서 발견됐다는 외신이 나오는 것도 놀랄 일은 아니다. 습작에는 화가의 사인이 없기 때문에 그들을 잘 아는, 그들의 그림과 스타일을 아주 잘 아는 사람들이나 알아차리겠지만. 혁명의 도시 파리에서 '민중'으로 인정조차 받지 못했던 하층민들이 내몰려 만든 시장 마을이 오늘날 파리의 상징 중 하나가 된 것은 역사의 아이러니다.

19
자정이 되면 새 세상이 열리고
파리와 카바레

파리에서 가장 화려한 거리 샹젤리제에는 단체관광객을 태운 버스들이 무시로 정차하고 또 떠난다. 해질녘에 샹젤리제로 향하는 버스는 리도쇼를 보러 온 관광객을 태웠을 확률이 높다. 리도쇼는 물랭 루즈와 함께 파리 관광에서 빠지지 않는 야간 코스 중 하나로 현란한 의상을 입은 무희들의 신나는 캉캉이 파리의 상징이 된 지 오래다.

캉캉 등을 공연하는 곳을 카바레라고 부르는데 우리나라에서 사용되는 단어 '카바레'와 느낌은 사뭇 다르다. 한껏 멋을 부린 의상을 차려 입고 한 잔에 수만 원에서 수십만 원에 이르는 샴페인과 비싼 식사 메뉴를 즐기며 벨 에포크 시대의 향수를 만끽하는 듯한 파리지앵들의 모습을 보면 더욱 그렇다. 그러나 카

1802년 센강 좌안의 라틴 구역에 문을 연 파리 최초의 카바레 '파라디 라탱'

바레가 처음부터 지금처럼 고급스런 곳은 아니었다.

　　카바레가 파리에 첫선을 보인 것은 19세기 후반이지만 그 전신은 혁명기인 18세기 후반 카페 문화에서 비롯됐다. 심각한 표정의 부르주아들이 혁명에 대해 토론하며 핏대를 세우던 곳이 낮의 카페였다면, 밤에는 일상에 지친 이들이 모여 술 마시고 춤추고 노래하느라 핏대를 세웠다. 점차 고용된 무희들이 공연을 펼치는 콘서트 카페가 생겨나기 시작했다. 19세기 초반 파리의 유흥가로 꼽히던 팔레 루아얄의 아케이드가 특히 콘서트 카페 밀집지역이었다.

파리 최초의 카바레는 1802년 센강 좌안의 라틴 구역에 문을 여 '파라디 라탱'이다. 대학과 가까운 동네여서 학생은 물론 예술가, 정치가, 작가, 기자, 노동자, 상인 등 온갖 종류의 사람들이 모여들었다. 주 고객층 명단에는 발자크나 알렉상드르 뒤마, 프로스페르 메리메 등도 있었다. 식사와 술을 마시는 것은 지금과 같지만 얌전하게 앉아서 공연만 보는 것이 아니라 새로운 친구들을 만나고, 함께 춤을 추는 스트레스 해소 공간이었다.

이곳은 1870년 프러시아 전쟁 때 화재로 문을 닫았다가 1889년 재개장했다. 파라디 라탱의 옛 명성을 되살리기 위해 재건축에 나선 것은 에펠탑을 세운 귀스타브 에펠이었다. 만국박람회에 맞춰 에펠탑이 건립됐던 그해 파라디 라탱이 다시 문을 열었다. 벨 에포크를 향해 달리던 파리지앵들에게 카바레는 그저 먹고 마시며 즐기는 배설 공간 이상의 상징적인 의미를 지니고 있었다.

몽마르트르의 카바레 '샤 누아'의 포스터. 카바레보다 포스터가 더 유명해 시내 관광상품점에서 이 그림을 쉽게 찾아볼 수 있다.

같은 해 센강 우안에는 '물랭 루즈'라는 새 카바레가 등장했다. 예술가들의 동네로 알려진 몽마르트르에는 이미 '샤 누아'라는 카바레가 성업 중이었지만 퇴폐적이라는 오명을 쓰고 있었다. 그로부터 얼마 되지 않은 1897년 샤 누아는 문을 닫았다. 이곳은 실제로 창녀들이 공공연하게 드나들며 남성들에게 추파를 던졌고, 아예 창녀를 구하기 위해 오는 손님들도 많았다고 한다.

당시로서는 엄청난 규모의 댄스홀과 무대, 사방에 놓인 거울 등 물랭 루즈는 개장과 함께 센세이션을 불러일으켰다. 물랭 루즈는 캉캉이 처음 선을 보인 곳으로도 알려져 있는데, 캉캉(cancan)은 오리

(canard)가 뛰는 모습에서 유래했다는 설이 유력하다. 그래서 오리가 우는 소리(coin)를 따 꾸앙꾸앙(coincoin)춤이라고도 불린다.

20세기 중반까지 밤의 파리를 평정한 물랭 루즈의 시대가 오고 있었다. 당시 몽마르트르 언덕 주변은 아직도 대도시에 어울리지 않는 목가적인 풍경을 간직하고 있었다. 곡식이나 옥수

파리의 상징 중 하나로 1889년 몽마르트르 구역에 문을 연 물랭 루즈

수, 석고 등을 빻는 풍차 30여 개가 언덕을 중심으로 퍼져 있었다. 곡식이 아니라 사람을 섞는 '빨간 풍차' 물랭 루즈는 이들 중에 가장 눈에 띄는 풍차였을 것이다. 툴루즈 로트렉, 르누아르, 아폴리네르, 피카소, 프루스트, 모딜리아니, 막스 야곱 등 빨간 풍차를 보고 몽마르트르로 모여든 이들의 면면이 화려하기 그지없다.

이중에서도 최고의 물랭 루즈 추종자는 단연 난쟁이 화가 툴루즈 로트렉이었다. 거의 매일 저녁 지정석에 앉아 압생트 한 잔을 주문했던 그는 물랭 루즈 안의 풍경을 주제로 수많은 그림을 남겼다. 나중에는 생계를 위해 카바레용 광고 포스터를 직접 그리기도 했다. 판화로 제작된 툴루즈 로트렉의 물랭 루즈 포스터들은 국립 도서관에 보관돼 있다.

물랭 루즈가 밤 문화를 선도하면서 인기 좋은 가수와 무용수 등 이른바 스타들이 탄생했는데, 이들은 툴루즈 로트렉의 회화에도 등장한다. 1891년 그가 처음으로 제작했던 포스터도 당대 최고의 인기 무용수 라 굴뤼의 공연을 위한 것이었다. 물랭 루즈가 전 세계적으로 유명세를 탄 데는 툴루즈 로트렉의 공도 있었다. 댄스홀 구조였던 물랭 루즈 내부는 1902년 극장식으로 변경되었다.

　　파리 카바레가 낳은 또 하나의 스타는 거의 '샹송'과 동의어인 에디트 피아프다. 그는 파리 북동쪽 빈민가에서 태어났는데 벨빌 가 72번지에 그의 생가를 알리는 표지석이 건물 외부에 붙어 있다. 곡예사 아버지와 가수 어머니 사이에서 태어난 피아프는 천상 '딴따라'였다. 그의 외할머니도 물랭 루즈에서 춤을 추던 무희였다. 부모를 따라 거리를 떠돌며 어린 시절부터 노래를 부르던 피아프의 재능을 샹젤리제에서 카바레를 운영하던 이가 알아보았고, 그의 호소력 짙은 목소리는 점차 파리지앵의 마음을 사로잡았다.

　　독일이 파리를 점령하고 있던 1944년 봄 피아프는 처음으로 물랭 루즈 무대에 올랐다. 피아프는 이날 무대에 오른 신인 남자 가수에게 첫눈에 반했다. 이브 몽탕이었다. 이미 어느 정도 명성을 갖고 있던 피아프는 이 신인에게 자신의 연예계 인맥을 소개해주는 등 후원자 겸 매니저 역할을 자처하고 나섰다. 그들의

물랭 루즈를 사랑했던 화가 툴루즈 로트렉의
〈물랭 루즈의 무도회〉(1890)

툴루즈 로트렉이 처음으로 그린 물랭 루즈 포스터.
당대 최고의 스타였던 라 굴뤼의 공연을 광고하고 있다.

사랑이 오래가진 않았지만 이브 몽탕을 그리며 그가 가사를 쓴 노래 〈장밋빛 인생La vie en rose〉은 불후의 명곡으로 지금까지도 전 세계인의 사랑을 받고 있다.

물랭 루즈와 쌍벽을 이루는 카바레 리도는 파리의 화려함을 상징하는 거리 샹젤리제에 위치하고 있다. 샹젤리제는 왕복 10차선쯤 되는 넓은 길이어서 접근성으로 보면 확실히 피갈의 좁은 길에 있는 물랭 루즈보다 리도가 낫다. '리도'는 베네치아 해변의 이름으로, 카바레로 바뀌기 전인 20세기 초 수영장이 있던 자리였는데, 수영장 벽에 이 해변 사진이 배경으로 걸려 있었다고 한다. 수영장은 '파리의 해변가'라는 별칭으로 불리기도 해서 그런 인연으로 '리도'라는 이름이 지금까지 이어져오고 있다.

리도에 대규모 무용수가 등장해 지금과 같은 공연을 펼친 것은 제2차 세계대전이 끝난 이듬해인 1946년부터다. 휜칠한 키의 무용수들은 야한 무용복에 때로 가슴을 드러내기도 하는데 리도의 로고로 무용수 실루엣이 사용될 정도로 트레이드마크다. 이곳 무용수들은 '블루벨 걸즈'라는 별칭으로 불리고 있다. 1940년대 후반 무용수들의 리더였던 마가렛 켈리를 그녀의 유난히 파랗던 눈동자를 떠올리며 '미스 블루벨'이라고 불렀던 것에서 유래한다. 블루벨 걸즈들은 주로 클래식 무용, 즉 발레를 전공한 이들 중에 키가 너무 커서 발탁된 경우가 많았다고 한다. 발레 공연에 적합하지 않았던 큰 키가 최소 175센티미터의 무용수를 뽑는 리도 공연에는 장점이 된 것이다.

리도의 공연은 1946년 이래 짧게는 1년, 길게는 10년 정도 계속된다. 초기에는 1년에 한 번씩 무대와 스토리를 바꿨는데 점점 대형화하고 자본이 많이 투입되면서 길게 가는 추세다. 현재 무대에 올라오는 공연은 2015년부터 시작해서 이어지고 있다. 태양 서커스단의 공연을 연출하고 라스베이거스 윈 호텔 공연을 연출한 프랑코 드라곤의 작품으로 2500만 유로(약 318억 원)가 들어간 초대형 블록버스터다.

21세기 파리의 대형 카바레는 고상하게 앉아 쇼를 구경하는 장소 이상의 의미는 갖기 어렵게 됐다. 관객 대다수가 버스에서 내려 줄 맞춰 입장하는 관광객이라는 점만 봐도 그렇다. 사교를 위해서거나 스트레스를 풀기 위해서라면 차라리 카페나 바, 또는 나이트클럽으로 가는 게 나을지도 모른다. 그러나 생 미쉘 골목 어딘가에는 오래된 피아노 앞에 앉아 노래를 하는 무명가수가 있고 처음 만난 남녀가 손을 잡고 왈츠를 추는, 어수선하지만 낭만적인 옛 모습을 간직하고 있는 작은 규모의 카바레들이 지금도 파리지앵을 유혹하고 있다.

20

땅 속에 숨쉬는 302개의 이야기

파리와 지하철

전동식 계단과 자동문 / 러시아워의 환승역 통로
모자이크 무늬 출입문
환상적인 미로에서 / 언제나 뛰어서 오고 가는 사람들
─에디트 피아프, 〈파리 지하철〉

낯선 도시를 여행하는 즐거움 중 하나는 그곳의 대중교통을 이용하는 일이다. 시내버스는 바깥 풍경도 볼 수 있어 노선만 잘 고르면 요금이 열 배는 더 비싼 시티투어 버스 못지않은 효과를 얻을 수 있다. 다만 길이 좁아 일방통행로가 많은 유럽의 도시에서는 타고 내리는 정류장 위치를 헷갈릴 위험이 있다는 게 단점이다. 택시는 언어나 도심 정체 등의 제약 때문에 여행자가 선호하기 어려운 운송수단이다.

낯선 도시에서 가장 편리하고 빠르게 이동하는 방법은 뭐니 뭐니 해도 지하철이다. 이런 공식은 파리에서도 정확하게 통한다. 면적(105km²)이 그리 넓지 않은 도시에 촘촘하게 지하철역

길 잃을 걱정이 없을 정도로 촘촘하게 연결되는 파리의 지하철

(302곳)이 들어서 있다 보니 "파리에서는 어디에 있더라도 조금만 걸으면 지하철이 나오기 때문에 길 잃을 걱정이 없다."는 말이 괜한 소리가 아니다.

파리 지하철은 다른 유럽 도시에 비해 다소 늦은 시기에 도입됐지만 지금은 없어서는 안 될 파리의 상징처럼 인식되고 있다. 산업혁명의 도시 런던 시내에 증기식 철도가 개통된 것이 1863년이고, 현재와 같은 전기식 지하철이 도입된 것은 1890년이다. 런던은 차치하더라도 파리의 지하철 개통연도가 1900년으

영화 <아멜리에>의 배경이 되었던 몽마르트르 인근 아베스 역 출입구

로 이스탄불(1875)이나 부다페스트(1896), 빈(1898)보다 늦었다는
건 좀 의외다. 1860년대를 배경으로 하는 에밀 졸라의 소설《파
리의 복부》(1873)에는 "파리 시내 역과 역을 잇는 철도 노선이 지
하에 깔려" 있다고 묘사하는 부분이 등장한다. 파리에도 지하철
이 필요하다는 걸 작품 속에 강조하면서 작가가 상상에 의지해
쓴 것인데 30년쯤 후 현실이 됐다.

　'벨 에포크' 시대 양적 질적 팽창을 거듭하던 파리에서 지
하철에 대한 수요가 런던이나 이스탄불 등 유럽의 다른 도시에

비해 적었을 리 없다. 당시 파리에는 8개의 기차역이 동서남북 각 방향에 위치해 있었다. 역에서 다른 역으로 가는 교통수단이 없으니 파리에서 환승을 해야 할 승객에게는 최악의 도시인 셈이었다. 당시 파리시는 주로 좌파 세력이 정권을 잡았던 반면, 중앙정부는 우파 세력이 점하고 있어서 정치적 불협화음이 잦았다는 사실이 지하철 개통을 늦추게 한 이유 중 하나로 꼽히고 있다.

우여곡절 끝에 파리를 횡으로 잇는 지하철 1호선이 1900년에 첫선을 보였다. 이해에 만국박람회와 제2회 하계올림픽이 파리에서 열렸다. 더 이상 정쟁을 핑계로 지하철 개통을 미룰 수 없는 절박함이 생겼던 것이다. 1호선 오른쪽 끝 종점에는 올림픽 경기장들이 몰려 있던 뱅센느 숲이 있었다.

파리 지하철의 아버지로 불리는 건축가 퓔장스 비앙브뉘는 "예술가는 자신의 작품에 이름이 박힌 도장을 찍을 수 있는 반면, 엔지니어는 개성이 드러나지 않는 어떤 작품의 장인쯤으로 이해된다. 실재하는 건축물이 기술적 토대 위에 놓인 개별적 성찰의 결과라 할지라도 건축물의 양식은 각기 다른 사람들의 많은 노력을 종합한 것이기 때문이다."라고 말했다. 파리 지하철 건설에 그만큼 다양한 사람들이 참여해 힘을 쏟았다는 걸 강조한 것이다. 프랑스 남쪽 방향으로 떠나는 고속열차가 정차하는 몽파르나스 지하철역의 정식 이름은 '몽파르나스-비앙브뉘'인데 여기

파리 지하철의 상징처럼 여겨지는 기마르 스타일 외부 장식. 아르누보 양식을 딴 것으로 67곳의 지하철에 설치돼 있다.

서 '비앙브뉘'는 환영한다는 뜻이 아니라 바로 건축가 퓔장스 비앙브뉘의 이름에서 따온 것이다.

파리 지하철의 내외부 장식은 개통 당시 유행하던 아르누보의 영향을 받았다. 특히 프랑스어로 '지하철'을 뜻하는 'Métropolitain' 또는 약어 'Métro'라는 글귀가 적힌 기마르 스타일의 출입구 간판은 모형이 기념품 가게에서 판매될 정도로 파리의 상징이 되고 있다. 기마르 스타일이란 장식을 설계한 예술가의 이름을 딴 것으로, 파리 전체 역 302곳 중 67곳의 지하철 출입구에 설치돼 있다. 몽마르트르 언덕에 가기 위해 꼭 거쳐야 하는 역 '아베스'에도 기마르 스타일 장식이 눈에 띈다. 이 역은 한국에서도 흥행했던 영화 〈아멜리에〉의 배경으로 등장한다. 파리를 파리답게 만드는 상징 중 지하철도 빠질 수 없는 요소가 됐다.

파리의 지하철역 이름 역시 다른 여느 도시와 마찬가지로 역 주변 지명이나 기관, 유명한 건축물 등을 딴 경우가 대부분이다. 역 주변과 별 연관이 없어 보이는 이름이 붙여져 있다면 그 이유를 따져보는 게 좋다. 분명 무슨 사연이 있을 것이기 때문이다. 가끔은 지하철역 이름으로도 파리가 보인다. 파리의 북서쪽 3호선에는 '루이즈 미셸'이라는 이름의 역이 있다. 파리 지하철 중 퀴리 부인과 함께 여성의 이름이 붙은 두 곳 중 하나다.

루이즈 미셸은 프러시아 군에 항복하지 않고 끝까지 저항했던 파리 코뮌의 영웅 중 한 명이었다. 당시 프러시아에 맞서 싸운 파리지앵 3만 명이 사망하고, 3만8000명이 감옥에 갇히고 1만 3000명이 군사 재판에 넘겨졌다. 그는 재판정에서 "당신들이 겁쟁이가 아니라면 나를 어서 죽이라."고 울부짖었다. 친구였던 빅토르 위고는 그를 위해 시를 바치기도 했다. 루이즈 미셸은 유배지로 끌려갔다가 1880년 파리에 돌아왔는데 죽을 때까지 노동자 인권을 위해 일했다. 그가 묻힌 곳이 역에서 가까운 르발루아-페레의 한 공동묘지다. 역의 원래 이름은 인근 지명을 딴 '발리에'였는데 1946년 지금의 이름으로 바뀌었다.

302개의 역 이름 중 유일하게 두 번 인용된 인물이 있다. 2호선의 '조레스' 역과 10호선의 '볼로뉴-장 조레스' 역에 등장하는 장 조레스다. 두 번이나 인용됐다는 사실 자체로 파리지앵에게 얼마나 존경받고 있는지를 보여준다. 10호선에 그의 이름이 붙은 것은 비교적 최근인 2014년으로 그의 사망 100주기를 기념하기 위한 것이었다. 그는 프랑스 사회주의의 대부로 불린다. 철학교수 생활을 하다가 나중에 정치에 입문했는데, 지금도 발행되고 있는 진보성향 일간지 〈뤼마니테L'Humanité〉를 창간하는 등 언론 활동도 적극적으로 펼쳤다.

특히 당시 프랑스 사회를 양분시킨 것으로 평가받는 드레퓌스 사건이 있었을 때 에밀 졸라와 함께 드레퓌스 대위를 옹호하는 편에 섰다. 평화주의자였던 그는 "자본주의는 그 자체로 전쟁을 부른다. 마치 먹구름이 폭풍우를 부르는 것처럼"이라는 말을 남기기도 했다. 그는 1914년 7월 31일 극렬 민족주의자에 의해 살해당했고, 며칠 후 제1차 세계대전이 발발했다. 1924년 팡테옹에 안장됐다.

프랑스에 도착하면서 가장 먼저 만나는 곳이 샤를 드골 공항인데, 지하철역에도 그 이름이 있다. 센강을 가로지르는 다리 중에도 있고, 도시마다 샤를 드골이라는 이름을 사용한 건물이나 길 등은 쉽게 찾아볼 수 있다. 샤를 드골 연구소에 따르면 2007년

파리 동역 외경. 70만 명의 사망자를 낸 '베르댕 전투'를 기념해 제1차 세계대전 100주년을 맞아 2014년 지하철에 '베르 댕'이라는 별칭을 붙였다.

현재 그의 이름은 프랑스 전국적으로 3600곳에서 나타난다. 종종 우파는 '드골 장군'으로, 좌파는 '샤를 드골'로 사용한다. 예를 들어 어떤 도시에 '샤를 드골 대로'가 아니라 '드골 장군 대로'가 있다면 적어도 그 이름을 정하던 시기의 시장이 우파였을 가능성이 높은 것이다. 좌우 양 진영이 각자의 방식으로 그의 이름을 이용하고 있는 셈이다. 한 가지 확실한 것은 프랑스인들이 그를 좋아한다는 것일 테다.

　샤를 드골 지하철역은 개선문이 있는 광장에 위치한다. 광

인권선언에 사용된 알파벳 4만9000개를 타일에 넣어 벽과 천장을 장식한 콩코드 역 내부

장 이름도 샤를 드골-에투알이다. 에투알은 '별'을 뜻하는데 이 광장의 열두 갈래 길이 하늘에서 보면 별을 닮았다고 해서 붙여진 이름이다. 여기에 샤를 드골의 이름이 붙여진 것은 1970년 11월이었다. 제5공화국의 첫 대통령이자 제2차 세계대전 당시 레지스탕스 운동의 구심점이던 샤를 드골이 사망한 지 4일 만에 결정된 일이다. 광장의 이름이 바뀌면서 지하철역 이름도 함께 변경됐다.

개선문이 있는 샤를 드골-에투알 광장에서 루브르 박물관 방향의 콩코드 광장까지 일직선으로 이어진 길이 바로 샹젤리제

거리다. 그런데 에투알 광장이 아니라 이 길의 이름을 샤를 드골로 바꾸자는 움직임이 있었다. 상인과 주민들의 강력한 반대로 결국 무산되고 광장에 샤를 드골이라는 이름이 붙었다. '오! 샹젤리제'라는 후렴이 한국인에게도 익숙한 샹송이 1969년에 나왔는데, 만약 이 길이 샤를 드골로 바뀌었다면 노래가 무색할 뻔 했다.

기차가 드나드는 역이라는 공간은 만남의 기쁨과 이별의 슬픔이 공존하는 곳이다. 그러나 파리 동역에서 느껴지는 음산한 기운은 그런 종류의 슬픔이 아니다. 동역의 지하철역 이름 아래에 조그만 글씨로 써 있는 부제 '베르댕'에서 그 이유를 추정할 수 있다. 파리에서 독일 방향, 즉 동쪽으로 향하는 기차가 출발하는 동역은 1850년 문을 열었다. 20세기 초 제1차 세계대전 때 수많은 병사들이 이 역에서 기차를 타고 전선으로 떠났다. 그 병사 중 살아서 가족의 품으로 돌아온 이가 얼마나 될까. 여러 전투 중에서도 70만 명이라는 어마어마한 사망자를 낸 것이 바로 베르댕 전투다. 이를 기리기 위해 제1차 세계대전 발발 100주년이던 2014년 동역의 지하철에 '베르댕'이라는 별칭을 붙여주었다.

콩코드 광장 아래 콩코드 역은 역 내부 벽장식을 유심히 봐야 한다. 알파벳이 새겨진 하얀 타일 4만9000개가 아치형 천장까지 빼곡하게 들어서 있다. 벨기에 작가 프랑수아 쉐인이 1990년 설치한 이 글자들의 조합은 다름 아닌 "인간은 나면서부터 자유로우며 평등한 권리를 지닌다."로 시작하는 인권선언이다. 인권선언은 1789년 프랑스 대혁명의 산물로 전 세계 여러 나라에 커다란 영향을 미쳤다.

그런데 왜 콩코드 역일까. 혁명을 상징하는 역은 7월 14일 감옥 함락사건이 있었던 바스티유가 될 수도 있고, 혁명이 낳은 공화국을 의미하는 레퓌블리크가 될 수도 있었을 텐데 작가는 프랑스 대혁명의 긴 여정 중 가장 중요한 일로 1793년 1월 21일 루이 16세 단두대 처형을 꼽은 건 아닐까. 그래서 절대왕정의 종말을 상징하는 그 사건이 벌어진 콩코드 광장의 아래에 인권선언의 텍스트를 깔아둔 것일까. 콩코드 역에서 마주치는 어지러운 글자들의 배열을 이제 더 이상 무심하게 지나칠 수 없을 것이다.

21
그들이 남긴 인류 최고의 발명품
파리와 공화국

공화국은 도덕에 기초해 세워진 것이 아니다. 그것은 타인의 욕망
까지도 포함하는, 시민 각자의 욕망에 의해 세워졌다.

―볼테르, 《정치와 입법》

독일 철학자 발터 벤야민은 파리를 '19세기의 수도'라고
했다. 그는 왜 파리보다 근대화가 일찍 이뤄졌던 런던을 제치고
파리에 방점을 찍었을까. 벤야민은 사치품 거래의 중심이었던 아
케이드, 기술과 예술 사이의 영원한 투쟁을 촉발한 철골 건축, 회
화에서 파노라마의 등장, 오락산업인 박람회의 대성공, 개인의
우주인 실내 공간의 부상, 도시를 서정시의 주제와 소재로 삼은
보들레르, 바리케이드 설치를 불가능케 한 오스만식 도시 개조
등을 키워드로 19세기 파리를 집중 해부했다.

발터 벤야민의 연구서 《파리의 원풍경》을 번역한 조형준
씨는 "산업혁명이 잘 보여주듯이 세계 자본주의의 '모범생'인 런
던이 제국주의로서도 선두주자였다면 프랑스 혁명으로 대변되

는 정치 혁명의 선두주자 파리는 유럽식 자본주의의 용광로이자 '문제아'"였다고 진단한다. 경제적 풍부함을 지녔던 런던보다는 정치적 역동성이 컸던 파리를 더욱 주목했다는 것이다. 건축, 문학, 예술 등 모든 분야가 앞만 보고 달려가 발전을 이룩한 것이 아니라 치열한 투쟁을 통해 파리의 정체성을 완성했다. 그 정점에 대혁명 이후 몇 번의 부침에도 끝내 이룩해낸 파리지앵의 자부심, 공화국이 있다.

파리 시내를 산책하며 무심하게 지나칠 수 있는 동상 중에는 공화국의 영웅들이 꽤 많다. 이들의 흔적을 따라 순례를 떠나보자. 출발은 '공화국의 사원'으로 불리는 생트 쥬느비에브 언덕 위의 팡테옹이 적당하다. 혁명 발발 이전에 성당으로 짓기 위해 건축을 시작했으나 1790년 완공된 후 혁명 세력에 의해 최상급 '국립묘지'쯤 되는 지금의 용도로 쓰이게 됐다.

팡테옹의 돔 아래 정면 벽 부조는 조각가 다비드 당제의 작품이다. 작품 안에는 혁명에 직간접적인 영향을 준 말제르브, 미라보, 페넬롱, 라파예트, 볼테르, 루소 등이 등장한다. 중앙에 위치한 공화국 여신의 오른편에는 황제가 되기 전의 나폴레옹이 군사들을 이끄는 조각이 눈에 띈다. 1837년 정부는 정치적인 이유로 라파예트의 조각을 들어내려고 시도했으나 표현의 자유를 주장한 조각가의 강력한 반대로 이뤄지지 않았다. 부조 아래에는

"위대한 이들에게 조국이 감사하는 마음으로 바친다."는 문구가 쓰여 있다.

팡테옹 광장 오른쪽에는 《사회계약론》 등의 저서를 통해 이성의 시대를 활짝 열고 혁명 세력에게 사상적 토대를 제공한 루소의 조각상이 서 있다. 1889년 대혁명 100주년을 기념해 세워졌으나 제2차 세계대전 때 파괴된 것을 파리시가 1952년에 원래의 초석 위에 다시 세웠다. 프랑스 학술원 원장 쥘 시몽은 1889년 2월 제막식에서 "여러분 덕분에 여기 파리 대학과 소르본이 내려다보이는 생트 쥬느비에브 꼭대기에 장 자크 루소를 세웠습니다. 부를 쫓아 살 수 있었지만 모든 전통을 정면으로 거부하고 스스로 혁명가가, 박해받는 자가 된 이에게 알맞은 장소입니다."라고 말했다.

팡테옹이 있는 생트 쥬느비에브 언덕 아래 걸어서 5분 거리의 소르본 광장에는 실증주의의 창시자인 오귀스트 콩트의 조각상이 있다. 사회학을 하나의 과학으로 접근해 제3공화국 설립에 기여한 콩트가 지성의 본산인 대학 앞마당에 있는 것은 전혀 어색하지 않다. 조각상이 설립된 것은 1902년인데 이 광장은 콩트가 대학 시절에 살았던 곳이기도 하다.

공화국의 여신 왼편에는 혁명에 영향을 준 프랑스 위인들이, 오른편에는 군사를 이끌고 있는 나폴레옹이 새겨져 있는 팡테옹 정면의 부조

AVGVSTE COMTE

소르본 광장에 있는 오귀스트 콩트 동상 사회학의 창시자 콩트는 제3화국 출범에 기여했다.

콩트의 흉상 아래 좌우에 두 조각상이 자리하고 있다. 왼쪽에는 아이를 안은 여성이 영광의 종려나무 잎을 들고 서 있다. 누군가는 콩트가 인문주의를 안고 있다고 하고, 누군가는 인문주의가 철학을 안고 있다고 해석한다. 중요한 것은 콩트가 인문주의를 강조했다는 사실과 조각이 예수를 안은 마리아의 상을 닮았다는 사실이다. 콩트가 평생 몰두했던 주제 인문주의를 그가 거부했던 가톨릭교회의 방식으로 형상화한 것인데, 조각 속 여성의 얼굴은 콩트가 사랑했던 여인 클로틸드이다. 콩트는 제자인 혁명가 막시밀리앙의 여동생 클로틸드와 2년간의 이루지 못할 사랑을 나누었다. 오른쪽에 놓인 조각상은 공부하고 있는 젊은 노동자이다. 한 손에 책을 들고 발아래에는 도끼가 놓여 있다.

극장과 바, 카페가 밀집해 있고, 소르본 대학과 가까워 대학생을 비롯한 젊은이들로 항상 북적대는 앙리 몽도르 광장에서는 당통의 조각상을 만날 수 있다. 오데옹 지하철역을 나서면 바로 보인다. 오른손을 오른쪽 허공에 내지르며 웅변을 하고 있는 당통이 보이고, 각각 북과 총을 든 어린 시민군 둘이 양쪽에서 그의 얼굴을 올려다보고 있다. 조각상은 예술가들의 공개경쟁을 통해 선정돼 1891년 설치됐다. 1870년 출범한 제3공화국은 대혁명 100주년이었던 1889년을 전후해 파리 시내에 혁명을 기념하는 조각들을 다수 제작했다. 당통이 살았던 곳도, 1794년 반대파에

젊은이들이 모이는 오데옹 광장에 있는 당통의 동상. 당통의 생전 거주지도 광장에서 멀지 않았다

의해 숙청되기 전 체포된 곳도 동상이 있는 이 광장 어딘가였다. 콩코드 광장 단두대에서 생을 마감하고 시신은 카타콩브에 버려져 흔적조차 찾을 수 없지만, 그의 열정을 따르는 후세는 이런 식으로 그를 기리고 있다.

앙리 몽도르 광장을 가로지르는 생 제르맹 대로를 따라가다 보면 생 제르맹 데프레 성당 맞은편에 깃털 펜을 오른손에 쥐고 엉거주춤 앉아서 먼 곳을 응시하는 디드로의 조각상과 맞닥뜨린다. 혁명 이전인 1784년 사망했지만 혁명의 이론적 토대를 마련한 계몽주의 철학자의 대표 인물이다. 조각상은 그의 사망 100주년을 기념하기 위해 1884년 설립의 뜻을 모으고 1886년 세웠다. 제2차 세계대전 중에도 파괴되지 않은 조각상 중 하나다. 제3공화국은 신권에 대항하는 것으로 간주돼 당시로서는 금기시됐던 백과사전 편찬에 평생을 바친 계몽사상가를 프랑스 공화국의 선구자로 보았다.

디드로 동상에서 생 제르맹 대로를 건너 센 강변으로 조금만 걸으면 공화국의 선구자로 빠져서는 안 될 이름 볼테르가 나온다. 광장이라고 부르기에는 다소 민망한 장소에 유약해 보이는 볼테르 조각상이 서 있다. 팡테옹에 묻힌 위인의 조각상 치고는 외양이나 장소 모두 왠지 초라해 보인다. 제3공화국이던 1885년 제작된 볼테르 조각상은 프랑스 학술원 오른쪽 센 강변에 위치하고 있었는데 제2차 세계대전 중에 파괴되고 말았다. 전쟁 이후 곧바로 제작에 들어가 새 조각상이 완성은 됐으나 원래의 자리로 가지 못했다. 위치 선정 논란으로 한참 허송세월을 한 뒤 1962년에야 학술원 뒤편 골목길 공터에 자리를 잡았다. 전에 있던 조각에 비해 초라하고 아름답지 않다는 이유였다. 조각상을 놓고 갑론을

생제르맹 데프레 성당 건너편의 디드로 동상 대표적 계몽주의 사상가로 공화국 설립에 이론적 토대를 제공했다.

센 강변 프랑스 학술원 옆에 놓인 공화국의 여신 동상. 이 조각에는 공화국의 상징들이 숨어 있다.

박하는 동안 정작 조각가는 제막도 보지 못하고 세상을 떴다.

볼테르를 밀어낸 것은 실재하지도 않는 가상의 존재였다. 원래 볼테르의 조각상이 있던 '명당'에는 공화국의 여신이 들어섰다. 센강이 한눈에 들어오고 바로 앞에는 도보 전용다리인 퐁데자르(예술의 다리)가 있어 유동인구가 많은 곳이다. 제2공화국 탄생을 알린 1848년 2월 혁명 직후 정부는 공화국을 상징할 조각과 이미지 등에 대한 공개경쟁을 실시했다. 선정된 조각은 프랑스 학술원 앞에 1880년 설립됐다. 이후 1962년부터 1988년까지 프랑스 중부 소도시 앙부아즈에 세워져 있다가 1992년 지금의 위치, 즉 원래 볼테르상이 있던 자리로 옮겼다.

이 조각상은 공화국을 상징하는 많은 은유들을 담고 있다. 왼손 아래에 놓인 깨진 왕관으로 묶인 무기 다발은 혁명의 가치와 자유를, 오른손에 들린 검과 삼각형은 정의와 평등을, 머리에 쓰고 있는 떡갈나무잎 화관은 이성과 지혜를 각각 나타낸다. 넓은 주름치마와 근엄한 태도는 민중으로부터 나오는 권력의 이미지를 고전주의적으로 표현한 것이다. 더 근사하고 거대한 공화국 여신상은 레퓌블리크 광장 한가운데 놓여 있다.

여신상에서 멀지 않은 곳에 공화국의 기초를 닦은 또 한 명의 계몽주의 사상가가 센강을 바라보며 서 있다. 교육에서 종교를 배제할 것과 이미 18세기에 완전 무상교육을 주장한 콩도

보잘것없이 제작됐다는 이유로 원래의 자리에 가지 못하고 좁은 골목에 다시 세워진 볼테르 동상

르세는 혁명 초기 국민공회 의원을 지냈고 수학자로서 백과사전 편찬에도 힘을 보탰다. 왼팔에 커다란 책을 끼고 굳은 표정으로 아래를 주시하며 서 있는 조각상은 원래 볼테르 조각상과 같은 시기에 비슷한 위치에 세워졌다. 프랑스 학술원을 가운데 두고 볼테르가 오른쪽, 콩도르세가 왼쪽에 위치했다. 둘을 나란히 놓은 이유는 공화국의 주춧돌이 된 계몽주의 사상가 중 볼테르는 문학을, 콩도르세는 과학을 상징했기 때문이다. 원 조각상은 볼테르와 마찬가지로 전쟁 중인 1943년 파괴됐는데, 볼테르가 제자리를 찾지 못하고 위치를 바꾼 것과 달리 콩도르세의 경우 혁명 200주년을 기념해 다시 제작된 조각상이 1991년 제자리로 돌아왔다.

팡테옹 광장의 루소, 소르본 광장의 오귀스트 콩트, 오데옹역 앙리 몽도르 광장의 당통, 생 제르맹 데프레의 디드로, 센 강

변의 볼테르와 콩도르세 등 공화국을 상징하는 인물이 각각 상징
적인 깅소에 놓여 있다. 조각상 하나하나 스토리를 가진 별개의
작품일 테지만, 모두를 하나로 묶어 집합체로 볼 때 의미가 더 커
보인다. 조각상들 사이를 산책하며 파리지앵이 공화국을 대하는
방식의 단면도 엿볼 수 있다. 파리에서 수많은 예술인들이 활발
하게 작품을 생산할 수 있었던 것은 수많은 정치적 격변을 지나
면서 얻어낸 표현의 자유가 있어 가능했다. 파리를 '19세기의 수
도' 또는 '세계의 문화수도'로 인정한다면, 그 공은 공화국을 위
해 피를 흘린 이들과 이 모든 걸 기억하고 또 온 힘을 다해 기리
는 파리지앵에게 가야 할 것이다.

파리는 지금도 역사를 써가고 있다

부활절 방학을 맞은 아이들 셋을 보르도 인근 외가에 보내고, 아내와 나는 오랜만에 둘만의 시간을 즐기고 있었다. 그런데 초등학교 5학년인 큰딸이 다급한 목소리로 전화를 걸어왔다.

"텔레비전 켜보세요. 노트르담 성당이 불에 타고 있어요."

화염에 휩싸인 노트르담은 너무 초현실적이어서 믿기 어려운 광경이었다. 생방송 속보로 진행되는 뉴스를 오랫동안 보는 게 고통스러울 정도였다. 우리는 누가 먼저랄 것 없이 화면을 꺼버렸다.

파리에 대한 애정이 누구보다 진하다 할지라도 그저 이방인일 뿐인 내가 이러할진데, 파리지앵들은 어떤 느낌을 받았을까. TV 인터뷰에서 한 파리지앵은 "내 눈앞에서 가족이 타들어가고 있는 것 같다."고 말했다.

가톨릭 신자들은 노트르담이 불타는 장면을 보며 그 자리에서 무릎을 꿇고 기도를 올렸다. 이들이 두 손을 모으고 "은총이 가득하신 마리아여 기뻐하소서."로 시작하는 성모송을 기도하는 모습은 한국 뉴스에서도 소개됐다. 성모송은 가톨릭 신자들이 자주 외우는 기도문이긴 하지만, 노트르담이 성모에게 바치는 성당이라는 점 때문에 더욱 의미가 있어 보였다.

프랑스 수도 파리에서 가장 큰 것은 물론이고 파리교구를 책임지는 주교가 사는 성당이니 가톨릭 신자들에게 노트르담이 특별한 것은 당연한 일이다. 그러나 노트르담은 성당에 가지 않는 파리지앵들에게도 언제나 그 자리에 있는 친구나 가족 같은 존재였다.

850년 전부터 노트르담은 그 자리를 지키며 프랑스 역사의 순간을 함께했다. 이곳에서 황제 나폴레옹의 대관식이 열렸고, 공화국 여러 대통령의 장례미사가 거행되었다. 제2차 세계대전 때 독일로부터 파리가 해방된 뒤에는 파리지앵들이 노트르담에 모여 성모송을 노래했다.

노트르담에 영광만 있었던 것은 아니다. 대혁명이 일어나고 넉 달이 지난 뒤 소유권이 국가로 넘어간 노트르담은 1793년에 '이성의 사원'이라는 명칭이 부여되는 치욕(?)을 맞기도 했다. 이 시기에 성당 정면, 지상에서 20미터쯤 되는 높이에 늘어선 28명의 유대 왕 조각상의 목이 날아가는 일이 벌어졌다. 성난 시민들이 이 조각상을 프랑스의 역대 왕인 것으로 착각해 저지른 폭력이었다. 조각상들은 19세기 중반에 원형을 복원했고, 1977년

에는 깨진 두상 중 21개가 발견돼 파리 시내 중세박물관으로 옮겨졌다

혁명기에 몇 차례 소란을 거친 뒤 노트르담은 평화를 되찾았으나 그것은 무관심을 가장한 것이었다. 19세기 초 파리시는 방치된 노트르담에 대한 철거 논의를 하기에 이르렀다. 이런 움직임에 제동을 건 것은 빅토르 위고의 소설 《노트르담 드 파리》였다. 소설이 대성공을 거두자 파리지앵들은 다시 노트르담에 관심을 갖게 됐고, 철거 논의는 수면 아래로 가라앉았다. 천 년에 가까운 우여곡절 끝에 파리 시민뿐 아니라 전 세계인의 사랑을 받게 된 노트르담이 불에 타고 있었다.

노트르담이 불타는 장면을 보면서 머릿속에 곧바로 떠오른 것은 엉뚱하게도 루브르 박물관 중정의 유리 피라미드였다. 루브르 박물관과 유리 피라미드. 전혀 어울리지 않을 것 같던 두 건물이 한 공간에 들어서 있는데 지금은 이 둘을 떼어서 생각하기 어렵게 됐다. 에펠탑은 또 어떤가. 지극히 보수적이지만 파격을 선택할 줄 아는 파리지앵들은 불에 타버린 노트르담 지붕을 어떻게 되살릴까.

원래 모습 그대로 복원해야 한다는 주장과 현대적인 건축을 해야 한다는 주장이 벌써 부딪히고 있다. 프랑스 정부의 계획대로라면 5년 후 우리는 새로운 노트르담을 보게 될 것이다. 복

원되는 지붕이 고딕 양식이든 현대식이든 움직일 수 없는 분명한 사실이 하나 있다. 새 노트르담에는 2019년 봄 대형 화재가 발생했고, 천문학적 액수가 단기간에 모금돼 치열한 논란 끝에 복원이 완성됐다는 또 하나의 스토리가 생긴다는 점이다.

파리는 역사 속의 도시가 아니라 역사를 써가고 있는 도시라는 것을 오늘도 깨닫는다.

2019년 5월